關係界限

解決人際、愛情、父母的
情感糾結症

吳姵瑩／著

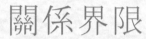

盛讚推薦

（依姓名筆畫排列）

「愛得有界限，就像一座花園，你知道哪裡找得到芬芳。」——**小生／暢銷作家**

「做自己生命主宰，學習界限的功課，享受自在的關係，是邁向幸福人生的開始。」——**王雅涵／諮商心理師**

「界限在姵瑩的筆下，有溫度、可企盼、能擁有！她真的做到讓理論變得平易近人！」——**林麗純／資深系統治療導師、華人心理治療研究發展基金會心理師**

「界限的拿捏，是一生的練習。這本書帶你從感覺開始，逐步引導做法。期許你也能夠從當中找到界限，更重要的是，找回你自己。」——**海苔熊／科普心理學作家**

「懂得善用『拒絕』，就能提升『答應』的價值。練習設立界限，創造更健康的人際與生活！」——**胡展誥／諮商心理師**

「在心理助人實務中，來訪者的困擾常與人際關係中的界限問題有關——要不是過度承擔他人的情緒責任，不然就是要求別人為自己負責。吳姵瑩諮商心理師的這本新書，把界限議題分析得清楚又透徹，明白地描繪出常在我腦海中盤旋但又難以言喻的概念，超越其他同是探討『界限』議題的作品，肯定是一本既能自助又可助人的好書。」——**陳志恆／諮商心理師、作家**

「沉浸在《關係界限》一書中，看見自己對家人、伴侶與朋友的愛，然後畫出形狀。在有了輪廓之後，就更能夠理解與珍惜自己的愛。」——**蔡宇哲／哇賽！心理學總編輯、台灣應用心理學會副理事長**

「沒有界限不是自由，而是窒礙表達情感設下界限，才能愛得剛剛好。」——**鄭俊德／閱讀人主編**

拓展人生從設立界限開始

這幾年開始帶領心理界限訓練的課程和講座，以及諮商的實務工作中，有許多人受困於關係中。許多前來的求助者是出自一份希望關係更美滿的目的，但他們往往受困於「自己怎麼做都不夠好」、「想要親近他人卻覺得很痛苦」、「很想不理會家人的情緒，卻又渴望獲得他們的認可」，「想要設立界限，又害怕自己被討厭或被說自私」，在關係中感受到內在的矛盾衝突，也不斷感受到關係的失衡感。

而關係的失衡感是源於付出與接收的不對等，經常被他人予取予求又無法推辭的關係模式；又或者不斷需要扮演關係中的照顧者與拯救者，甚至是供應者，無法啟齒自身的需求；又或者在關係中不斷受制於家的一體性的觀念，但當你想要自立或選擇與家人不同的道路時，卻感受到強烈背叛的罪惡感等等……

這些關係的描述，其實都在界限上出了狀況，導致關係越了界，卻經常以愛之名，讓許多人困在越界的關係裡動彈不得，無法自在地長出自我，陷入彼此糾結的情緒，導致情感糾結症。

雖然臨床上並沒有此病症，但它是一種文化與環境的現實，我們失去了界限，自己與他人的感受混淆不清，你的、我的、他的一片混亂裡，變得焦慮、無力，卻又擺脫不了而持續糾結。

然而，縱使在受困的關係裡，我們仍能幫助自己覺醒，回到自己身上，重新審視自己的界限，喚醒內在感受，長出自我的力量，為自己與他人找到最舒適的相處方式。

什麼樣的人需要心理界限？

1. 好好先生好好小姐，卻常遇到將你的付出視為理所當然的人。
2. 習慣心情不好就找人傾訴，卻感覺朋友越來越少。
3. 經常覺得疲憊不斷奔波，事情永遠忙不完。
4. 經常覺得要對身旁的人交代，或為他們的事情負責。
5. 經常覺得自己說話沒有分量，不敢要求也不敢拒絕。

若你為人母，而生活上出現：

1. 有孩子一直賴在家中，對人生茫然又失業。
2. 孩子經常無力低落，或已經罹患憂鬱症或精神疾病。

3. 過往自己有婆媳問題，現在看媳婦也不順眼。
4. 習慣關注孩子的舉動、成就、心情，喜歡找孩子講心事。
5. 跟丈夫不愉快就會找孩子抱怨，或要孩子去當傳聲筒。

如果你在親密關係中，發現到：

1. 你或伴侶跟異性或閨密走得很近，讓你或伴侶總是醋勁大發。
2. 你或伴侶花費在工作、休閒上的時間過度擠壓到彼此相處時間。
3. 你或伴侶經常因為娘家、婆家的時間分配在爭吵，或者爭論要聽哪一邊的話。
4. 你或伴侶在家務、經濟或權力分配上一直有衝突。
5. 你或伴侶有情緒或肢體上的暴力，或身旁的人經常提醒你趕快離開。

本書中，我一方面介紹了在實務現象常見的案例外，也從文化與教養層面探討，從頭理解讓我們失去界限的文化現象；此外，也從家庭系統、關係面向來探討，在不同層面的關係相處中，如何處理越界的關係。接著，幫助自己探索界限與一步步設立界限，更深刻地理解你的界限如何被形塑，而這將如何影響你的下一代。最後，回到自我身上，當我們失去界限，因曾經受傷的經驗，難以自信地面對不合理的境遇，要如何幫自己療癒與修復，找回聲音與力量，才能夠創造與吸引舒適平衡的關係到我們的生活裡，是相當重要的。

當我們的人生開始有界限，在這界限中不只是限制，而是在這安全與受保護的範圍裡，我們自在、茁壯，並且可以享受人生，最終會有更多的力氣和自由去拓展這個有界限的人生，未來也將有無限可能。

CONTENTS

Part Two

Part Three

Part One

畫出界限，不是拒絕，
而是為了愛得更飽滿更豐足

1/1

你清楚人與人之間的界限嗎？

開始談論心理界限的議題前，一定很多人很好奇什麼是「界限」。

而界限究竟有什麼功用？它放在心理上的意義又是什麼？在此用比較容易理解的方式來說明。就讓我們從物理界限開始，想像一棟房子，外觀是什麼模樣？有沒有藩籬或圍牆？所屬的範圍在哪裡？當你擁有這棟房子，你知道你可以用自己的想法裝修，擺放任何你想要的傢俱。你也很清楚，你可以邀請任何人進來參觀。你會知道自己需要維護這棟房子，整修它、清理它，確保它是處在可以居住、安全的狀態。所以，簡單來說，在這幢房子裡，應該會讓你感到安全。你擁有自主意識與自由，來決定這房子的大小事，也有責任維持房子的狀態，不使其傾頹。

在國外，當你隨意進入他人領地，他們是有受到保障能拿槍射殺外來者的（參：

堡壘原則）。藉此，我們可以知道，他們對所有權和界限的意識觀念非常強烈，對於界限內所有物的保護欲也非常明顯。

反觀華人文化就不同了。當你想裝修房子，會遇到非常多聲音干涉，像是父母、家人，甚至連街坊鄰居都會參一腳。他們往往是出於一片好意，給予很多意見，並且要你「照著做，準沒錯！」，打著「我都是為你好」的旗幟，卻成了一個個限制個人成長的「善霸」。

所謂「善霸」，就是相對於惡霸的說法。惡霸人人討厭撻伐，但善霸則是讓你氣得牙癢癢，卻又感到羞愧——自己怎能拒絕他人好意，也覺得自己不受教而自責，還會要求自己順應別人，別枉費他人一番好意。

缺乏界限就是這樣發生了。你沒有能力守著房子的那道門，就意味著別人可以隨便侵門踏戶到你的屬地，然後要求你做任何事情，而且你還不能拒絕。那究竟我們可以怎麼為自己保守界限，不讓人生充斥著他人意見或言語，左右我們對人生的判斷呢？

首先，你要問問自己，當別人要進入房子時，有沒有察覺到別人進來了？有沒有因為別人沒有詢問你，感覺不舒服？有時，別人都進來了，然後你就停在這裡，心中喃喃自語：「這個人在做什麼？他為什麼要這樣？」可是，你不一定有辦法對他說：「你不要再進來了！」

若你停在那裡，就要開始思考：「咦？為什麼？為什麼我不敢說？我不能拒絕、不能反應嗎？」

擁有感受，也表達出感受

你會發現，從上面的自我詢問中，沒有界限會有兩種狀態，第一種是你根本沒感覺。有時候你根本不覺得這有什麼問題，所以他們就進來，直接剝削你。

擁有心理界限也意味著，你有沒有瞭解自己內心的感受。在華人文化中，感受是很容易被忽略的。因為大人也不太認識自己的情緒，導致我們也是如此。而讓我們缺乏感受的，往往與兒時的經驗有關。可能是當兒時我們有感受，卻遭到拒絕了。小時候，我們可能因為大人對我們說「你去做那個、你去做那個、你去做那個」，就覺得「好委屈喔！為什麼都是我做？」便感到委屈而哭了起來。大人的反應卻是「哭什麼哭！做點事有什麼好哭的？還哭、還哭？」於是，你就學到「我有感覺，是不對的。」

所以，兒時經驗令我們必須學會，缺乏感受或沒有感受的狀態。可是，當沒有感受時，或者你無法認可自身感受，基本上就是門戶大開的狀態了。

我們之所以要設立界限，就是要把感覺找回來，而且要指認出自己的感覺。但奇怪的是，我們常常會對自己感到罪惡感，比方說當別人對你頤指氣使，你心裡會有什麼感覺呢？

是的，往往是「憤怒」。可是，你可以不爽嗎？你要問自己：「我可不可以不爽？」當你才這麼想，就可能會想到過往有人批評你：「那麼愛生氣，以後交不到朋友怎麼辦？以後嫁不出去／娶不到媳婦，準備孤家寡人了嗎？」

有沒有聽過這種話？如果沒有，那很好！表示你有被允許不高興。然而，有些人是沒有受到允許的。到這裡，我相信你已經知道，有沒有「感受」是我們的早期經驗允許我們的。當可以自由感受身上的感覺，就能明白誰侵犯了我們的界限。

而第二種狀態是，你明明知道界限被侵犯了，卻依舊讓自己被侵犯——你不敢說，不敢表達感受。勢必曾有很多經驗讓你變得有顧忌，經常話到嘴邊，又嚥回去，只能抓著好朋友不斷抱怨。這跟集體主義的文化很有關連，我們非常容易擔心他人眼光，也習慣「以和為貴」的相處模式。

對人際和諧的高度要求，也讓我們在展現自我意識時有高度焦慮，害怕他人的評論，尤其想像他人給予你負面評價，就會讓我們對自己的感受避而不談。不僅缺乏感受，也不敢暢談自己的感受。別人可以堂而皇之地要求你、侵犯你的界限，對你予取予求，因為你害怕拒絕他人所帶來的負面評語，就像家人不敲門就能進到你房間那樣，從沒尊重你的隱私，而你也習以為常，覺得家人間就應該是這樣，進而發展出你在人際上，也會對其他人索取你想要的東西，且不一定理解別人的感受。

簡單來說，心理界限讓你知道你是誰，你不是誰，什麼是你的，什麼不是你的，你喜歡什麼又不喜歡什麼。**只要你擁有自己的感受，以及有辦法說出自己的感受，並且為自己的行為負責，就可以擁有清楚的界限。**

畫分責任，避免遭到掏空

界限是很重要的，幫助我們畫分責任，避免遭到掏空，也會畫分出你與他人的位置，就如同國與國之間需要有疆界那樣，以免在資源上掠奪，也清楚歸屬你的責任所在。但當你不清楚自己是誰，就無法清楚你喜歡或不喜歡什麼，沒有界限也無法保護自己，在關係中無法為自己的不適伸張正義，只能忍氣吞聲，怨嘆人生。

當我們還不清楚自己是誰，假使一味付出，為別人著想，就會變得討好，或損耗自己許多能量。更多的時候，你沒有得到應有相對的回應，感覺自己被掏空。而在人際互動中長時間的掏空與匱乏，導致我們想斷絕關係，最後落得怨恨他人也厭惡自己的地步，責備不懂經營情感的自己，又憤怒他人對自己予取予求。

你覺得困惑，當大家說，快樂的人不計較付出，愛是恆久忍耐又有恩慈的時候，你為什麼感覺不到愛，也越來越不快樂呢？

親愛的，你可能還沒有找到自己，只是用了很多人說的話，當成自己唯一的依歸。唯有我們清楚自己是什麼樣子，才能清楚希望被對待的方式，才能敏感於什麼話語、什麼行為會讓你感到不舒服，也才能懂得，面對不舒服，我們可以怎麼回應。

開啟自我探詢前，銘記在心的界限問句

開始閱讀本書的你，代表已經開啟自我探詢之路，在此之前，我想邀請你開始

向內思考以下幾個人我界限的重要問句：

1. 你是誰，你的個性與特質是什麼？

2. 想像你在人與人當中的界限，是實線還是虛線？如果你的內在是一幢房子，那它會有什麼樣的圍籬？

3. 讓你感到不舒服的人、事、物是什麼？又，為什麼？

4. 你通常怎麼回應讓你不舒服的事？逃避？攻擊？或合理化？

親愛的，將這些問題記在心中，不斷問自己也不斷去紀錄，你會越來越認識自己，也越來越清楚界限，更能在關係裡保持平衡與彈性，讓我們一起學會保護自己的感受、尊重自己的感受，進而有能力去愛和被愛。當我們不會被關係掏空，也不在關係中受委屈，更懂得尊重關係裡的其他人，獲得平衡與更多自由。

願你在不斷的理解中，找到內在與外在的快樂。♥

1/2 懂得感受和限制，讓自己心安地拒絕

在我的諮詢工作中，經常遇到很多很有能力的年輕人，他們職場境遇並不好，拚命加班、為公司賣命，也經常幫同事分擔許多職責。這類人在職場上往往人緣不錯，但奇怪的是，好事都輪不到他，他們的付出並沒有讓他們適時展現自我，也沒有讓主管對他的能力印象深刻，倒還貼上了「他很好被差遣」的標籤。認真負責，卻無法讓人感覺專業或值得信任，這種好人緣容易讓明眼人看出有著「討好」的特質。當要升遷或被賦予重任，這樣的人卻不會在評選名單上。

試想看看，在職場上，你是否經常覺得就差那臨門一腳呢？經常自問：「怎麼功勞都被他人占去了」呢？承擔過多不屬於自己的職責時，是否會說服自己「能者多勞」？如果是，那你就要瞭解你的人際界限究竟出了什麼問題。

首先，我們來談談在職場上的專業給人什麼樣的印象和感受。

我曾經服務過一家正面臨員工發生多起自殺事件的公司，發生如此重大事件，導致公司人心惶惶，也聘請專業團隊進駐，以協助穩定員工的心理狀態。為了快速達到效果，主事者要求專業團隊二十四小時待命，但因為人力有限，我們團隊的領導人也就跳腳了，立刻下達他的專業判斷，認為不該有任何專業團隊全天候待命。

透過這個事件，可以看到，專業並不是無止境滿足他人提出的需求，而是高效率地完成使命的最大值。但如何讓團隊高效率地運作，就是要懂得評估團隊的限制，也保護團隊的身心平衡，這就是專業的界限。

因此，如果當時的領導人沒有做出專業評估，我們的團隊也會怨聲載道，而降低產值，也會覺得自己的專業變得廉價，甚至可能產生權益沒有受到領導人維護的憤怒感，對其非常不信任。

瞭解內心感受，為自己的感受設立疆界

所以，在界限這個觀念裡，有四個重點要跟大家分享。首先，第一個「瞭解內心的感受，為自己的感受設立疆界」。簡單來說，建立心理界限就是把內心真正的感受表達出來的過程。就像上述那位領導人的例子，他很清楚客戶的要求不合理，專業也沒有受到尊重，而當場表達出來就是在設立界限。但缺乏心理界限者可能當下瞭解內心感受，卻不一定有辦法說出來，或者有辦法站穩立場。

他們會說，其實我和對方講過，可是對方卻好像沒有聽到，還用更緊急、更無可奈何或更軟硬兼施的方式說服你幫忙，鬆動你的界限和原則，從你身上獲得他所需要的好處，說服你「能者多勞」、「有你真好」來讓你無法拒絕。

接納與肯定自身的有限性

當你需要設立界限，往往是你看見內心感受，覺得事情讓你有壓力，覺得疲憊，而你能否肯定自己心裡的不舒服。這就與我要介紹的第二個重點有關——你有沒有體認到，自己是有限制的。

什麼可以稱為你的限制？包含：時間限制、精力限制、情緒限制等……這相當重要。我們常常會覺得自己「無極限」，而且很多人都告訴我們：「愛就是能夠做所有的事，愛就是犧牲與奉獻。對人有情，就該犧牲自我，忽視自己的感受。」或者，常言道：「吃虧就是占便宜，何必計較！」等等。這些話，都是用來說服自己不要感覺不舒服，合理化他人的行為，同時壓抑我們真實的感受。

但後遺症是，當工作量持續增加，壓榨你，甚至讓你感受到永無止境，也不會有成就感。最後，你失去對工作的熱情，懷疑自己生涯的選擇，付出卻沒有得到相對應的回報也讓你感到疲憊不堪，無法再好好付出，職場人際也跟著出現問題。原本人緣還不錯，卻由於負面情緒累積太多，通常是覺得太委屈，都沒有好事落在自己頭上，做這一切統統都不值得，出現「砍掉重練」的想法。

你可能會開始認為：「算了！什麼都不要好了！跟這些人或跟這個領域老死不相往來算了」準備要切斷關係，這是**多數人對界限的誤解：我設立界限，就是切斷關係**。所以，設立與他人之間的疆界也變得困難。

講到這邊，大家應該有點體認了。其實，**設立界限，就是表達你內心重要的感受**。同時，體認到身而為人的限制性，接納與肯定這個狀態的自己。

我們並非吝嗇或不願意付出，而是在關係或專業裡提供到什麼樣的程度，是可以讓我們願意持之以恆地給予？所以，我常常會問：「別人有麻煩時，你可以提供什麼協助給他們？你的極限是提供多少的幫忙？」

他們經過思考，就會回答一個明確具體的停損點。當你清楚你的停損點，你願不願意主動告訴對方：「我知道你有很多話想講，可是我只能聽你講五分鐘，你OK嗎？因為我等一下還有事要忙，真的很不好意思。」接著，你讓對方講，但如果對方還是霹哩啪啦講個不停，你就要說：「還有三分鐘喔！我等等真的要去做事了。」你必須不斷漸進地提醒對方，雖然我們都會感到很不舒服，對這件事設立界限，好像自私又小氣，但這是保存你對他人尊重又贏得尊重，非常重要的心態。

清楚責任歸屬，不為他人採取行動

第三個部分則是，清楚責任歸屬，不為他人採取行動。例如，有一天，同事突然加了一個他的工作給你，說：「五點你要記得幫我打電話給客戶，我跟客戶有些矛盾，幫我處理一下，記得喔！不然，我會被主管與客戶罵的！」你聽了覺得：「你有問過我有沒有時間嗎？這件事到底是誰的責任？」可是，如果你沒有幫他打電話，對方一定會怪到你頭上。但你必須釐清的是，你能不能看清楚，這是誰的事情？

缺乏心理界限者，最重要的癥結點就是，覺得許多事情都是自己的責任，容易承擔他人的情緒與指責，只要別人一開口，就是他的責任，因為他難以承受他人失望的表情，也就無法將拒絕說出口。

所以，當同事要求你打電話，他就告訴你一句：「你是我最可靠的同事，我只相信你。你一定要幫我，拜託別見死不救！」對方講了這句話，意味著你要承擔他的工作責任，也要扛起友誼的牽絆，不能讓他失望、難受，無法對上司及客戶交代。然而，面對衝突、矛盾和工作上的任務是他的責任，我們無法一直協助他，並等到他學會如何面對職場上的關係膠著為止。

要知道，我們不能不斷為他人採取行動，但我們能適時陪伴、適時幫忙。這些「適時」都是奠基於你的限制，跟你可以提供的範圍到哪裡。最終的目的，是他人要回到自己的位置，做好自己的事。你也能心安理得，並且好好完成己身職責。

恐懼爭執無法為關係設立界限，倒使關係惡化

接下來，第四個重點──恐懼爭執無法為關係設立界限，倒使關係惡化。上述提到打電話的例子，其實就是這個狀態。

有非常多人害怕拒絕別人，因為覺得拒絕會引動別人的憤怒與失望。我們常說，自己是「人人好」的類型。你會擔心，當你沒有適時告訴別人自己不方便，要是現在才拒絕，對方會不會因此動怒。這時你要去思考，為什麼你這麼害怕別人生氣？是不是別人生氣會帶給你一種「我是一個不好的人」的觀念呢？如果是，你就要回到自己身上，感受你的成長到底帶給了你什麼。

我們需要看見的，是當這般衝突產生時，都會形成一股張力。這股張力會讓你感受到，別人對你失望，你沒辦法承受別人對你的失望，也就沒辦法挑明說出感受。所以，如果你害怕爭執，便會習慣討好、順從別人，關係自然因此變得不對等，容易成了「剝削」的形式。若你開始感到耗竭虛脫，無法繼續為關係付出，關係就開

始惡化。你會逃避跟這個人接近，覺得他帶給你很大的壓力和負擔，讓你有強烈的倦怠感，不想再看見他，甚至下定決心老死不相往來。

在關係斷絕後，你不再在乎他人感受時，才能勇敢說出自己的心聲，形成「誠實卻沒關連」的關係，讓我們在每段關係裡都無法真誠做自己，卻只為了虛幻的表面和平感到委屈，又在關係斷裂後憤怒與自責，人際相處一直陷入這般惡性循環中。

總結來說，這四大觀點，在生活中、職場上都是我們的重要心態。當我們不斷提醒自己，也看清彼此，就能創造平衡與健康的關係了。

1/3 華人的緊密關係，其實是共生現象？

前些日子去大陸時碰巧看到《巨嬰國》這本書，因在家族治療的領域裡，剛好聽到有人評論知名諮商心理師武志紅的這本著作，我便立刻把它買下來拜讀。

翻開書之後，我倍感驚艷，因為他的確整理出整個華人文化裡何以產生「巨嬰」現象，多數人在情感模式裡的「共生」情形，你的就是我的，但我的還是我的，這樣的「自戀」容不得他人與自己有「自體性」或不同意見，總是企圖吞沒他人所有物、甚至思想的傾向，描述之貼切，也幫我統整了我這幾年來看到的現象。

所謂的「自戀」，在心理學上指稱的並非自戀狂，對自己迷戀，而是**在自體心理學中，誇大膨脹自己的重要性，相信只要自己想要的，沒有什麼得不到，阻礙自己的人都該受到懲罰。**所以，在他們眼裡，其他人不該擁有「自體」，都應該與他融合成一體，否則他就會無法忍受。也就是如此，他無法忍受不同意見，也無法忍受被拒絕。

健康的人際互動，需要擁有「自體」性

然而，健康的人與健康的人際關係，需要建構在每個人擁有「自體」（self），而自體是成為我們擁有界限很重要的根據。當一個人清楚自己是誰，有著在人際裡做自己的自由，不用為了擔心他人生氣而委屈自己，自然就能擁有健康的人際互動。

不過，當一個人並不清楚自己是誰，不瞭解自己的自體意象（self-image），就會分不清楚自己和他人，可能容易受他人影響，也需要他人被自己影響。心理學上，我們將他人或相比於外界的人事物，稱之為客體（object）。

我們自小就逐漸形塑對自己與對世界的觀感。而重要的是，有絕大部分的時間，

是透過照顧者讓我們開始體認，也學會區分辨別自己與他人。

因此，照顧者與我們之間的關係，成為我們認識自己、發展界限很重要的過程，他會形塑我們對外界的看法。照顧者在我們小時候會是有如「全世界」那樣的存在。由於孩子還無法分清楚，所以當「全世界」給了我們舒服的感受時，除了會令我們感到安全，也會幫助我們認識「我」或「全世界」是好的。這樣，孩子在整合自我時便會順利許多。但當「全世界」給了「我」不舒服的感受，也意味著「我」是不好的，導致產生挫折的經驗，阻礙整合「我」。

所以，全世界、他者或照顧者的代稱，都泛指「客體」的存在，就好比一面鏡子，在孩童的「自體感」發展上扮演著非常重要的角色。**如果要讓孩子擁有健康的自體感，就是要讓孩子在逐漸與照顧者分離的過程中體認到，「我」跟「他」是分開的，但我依舊可以在「他」身上獲得安全感。如此，孩子才有辦法安心做自己，在擁有自體感的過程中，也允許他人擁有自體感，清楚人與人的疆界。**

自體發展的四個階段

自體的發展需要經歷四個階段，才能逐漸發展成獨立且有穩定自我感的個體。

在馬勒（Margaret Mahler）的「分離個體化理論」（Separation-individuation）提出這四個階段是：

1. 正常嬰兒的自閉狀態：出生至出生後的三、四週

這時，嬰兒如自閉系統般運作，完全地融入自我、專注於自我，在人際關係上不認識其他人。只關心自己緊張狀態的緩解，不知道有另一個人要對此負責，而他所覺知到的照顧者也只是一小部分，如：乳房、臉或手等，缺乏完整自體，也無完整客體存在。

2. 共生：五週至五個月

母親以原始的方式出現在嬰兒的覺知裡，也成為嬰兒人際關係系統的部分。例如：在食物、給予溫暖，或其他生理必需品都存在著。當母親情緒沮喪時，嬰兒可能以沮喪反應。這些原始的「前客體」經驗，是人際關係分裂的前兆，感覺愉快的被歸為「好的」，而痛苦的經驗被歸為「壞的」。但在此階段嬰兒和母親之間尚未分化，只有共生合一的經驗。

3. 分離／個體化：五、六個月左右開始

這是最複雜的階段，由許多階層所組成。每個階層都暗示了通往獨立道路上的一種獨特的移動形式。在此階段，嬰兒開始建立內在的「客體恆存」概念——將不在身邊的母親留在腦海中的能力，使得嬰兒和母親之間存在著第三者——「缺席」。

4. 自體與客體恆在：三歲左右

孩子能將他人視為與自己分離的個體。理想上，孩子與他人建立關係時，不再害怕喪失自己的獨立性，能以穩定的自我感為基礎，進入往後的階段。

自戀與共生現象是因為無法與他人好好分離

然而，自戀現象會產生，往往是孩子在過渡時期沒有受到適當的回應，讓孩子停留在自戀階段。武志紅在《巨嬰國》中，談到共生心理，在巨嬰身上的展現為：

1. **到處找媽。不願自理，總想找人照顧自己，幫自己「擦屁股」。**
2. **集體主義。大家要共生在一起。**
3. **統一思想。大家必須統一在某個思想裡，這是構建共同體的關鍵。如果思想不一致，共同體就會有裂痕。**
4. **反對獨立。這是雙重的，一方面，集體壓制個人獨立；另一方面，個人離開**

集體就會破碎。

5. 沒有界限。一樹立界限，就感覺兩個人之間徹底沒關係了，疏遠了。

這些描述展現了華人集體主義，也展現出許多黏膩的家族觀點，如：家族就是一體的，你的獨立就是背叛家族，一種不孝的表現，讓許多人必須屈從於維繫「家族」的連結，而消除了「自體性」。一旦我們被這樣的觀念給催眠得徹底，自然會成為共生的一員，也無法認受異己存在。

一般而言，孩子的成長勢必要從被幫助的狀態，過渡到能逐漸長出能力來處理自己的事務，也能過渡到原來「我」是獨立個體，「他」也是獨立個體的狀態。但當該分離的「自體」經驗，遇到被過度保護的經驗時，就很難體認「我」與「他」的存在。

在華人世界裡，「親子關係」總是被擺在第一順位，父母習慣將許多的期待放在孩子身上，在教養過程中投入過多關注在孩子的行為與情緒上，一部分讓孩子感受到「我不能脫離父母」，一部分也可能不讓孩子有任何情緒上的不滿足。而過度保護孩子的情緒，更加使孩子難以和父母分離。

當孩子無法好好與父母學會分離，就很難擁有能力清楚分辨「我」與「他」，更無法擁有界限，混淆人我之間。父母過度保護孩子的情緒，或者孩子必須承接與安撫父母的情緒時，所謂的自我，就包含許多的「他人」。因為「他人」就是自己的一部分，所以很難「棄他人於不顧」。

在《巨嬰國》中，我更清楚地看到，自戀是一種心理意識的混沌狀態，沒有分化出你我的差異性，因此全世界只有「我」。只要與「我」不同的聲音或民族都是「非我」，也就是敵人且具有威脅性，這樣的文化影響著也導致了中國歷史裡經常渴望「統一」，但歐洲則一直都是多國並存。

西方能夠容許「他者」的存在，並且尊重差異性，同時也強調了個人的主體性，也因為尊重而更能理解彼此。但東方強調關係的同時，消融了人與人之間的界限，更吞沒每一個個體的獨特性，造就出許多扭曲的關係模式，孩子與母親共生，導致自己結婚時會覺得是種背叛；先生與太太共生而彼此牽絆犧牲，無法追尋夢想，為了綁在一起，也綁架了自己的夢想，活在看似安全有連結，卻怨懟著彼此又需要彼此的關係裡。

親愛的，當我們願意去認識自己並設立界限時，這一切就不是無解。只要自己身上的枷鎖斷了，很多事就解開了。

1/4

為什麼我們總是很難建立心理界限？

建立心理界限一直是很多人的困擾，生活裡若無界限，會讓人感到壓力、委屈，不論工作上、家庭中或情感裡，都容易感到無力又充滿罪惡感。

有時候，你會想，是不是早點告訴對方你的感受，就不會演變成這般局面？你處在一段不平衡的關係裡，你說你用盡了暗示，希望對方不要太過分，對方依舊得寸進尺。當最後一次對方惹怒你，像是壓垮駱駝的最後一根稻草，你憤而切斷情誼，而且總是決定跟那個人老死不相往來。你說，你是覺得心死了，才會爆炸開來。然後，你忍不住怪罪自己，卻又氣對方為什麼沒有看到你已經很痛苦、很委屈，甚至給他一些暗示了，怎麼他沒看懂？

身為「關係劊子手」的罪惡感

想想，有時你還是會捨不得失去這段關係，雖然你被壓榨得難受，但偶爾還是會想起對方對你的好，你又陷入自責，對自己這個「關係劊子手」充滿罪惡感，接著又開始懷疑：「像我這樣的人，真的有朋友嗎？」、「像我這樣的人，是不是一個人比較好？」、「我是不是不值得別人對我好？」而跌入深層的孤單、沮喪與懊悔之中。

親愛的，其實我們早該在關係裡設立界限了。設立界限不是要限制對方，也不是為了拒絕對方而拒絕，是為了保護關係，讓關係可以持續進展下去，唯有平衡的關係才能既長久又開心。如果我們無法適時拒絕，或告訴對方我們的感受，終將癱瘓關係。

可是話說回來，我們可以感受到在關係中相處的痛苦，但為什麼無法適時設下停損點呢？搭配下頁圖片，就能更清楚整個心理歷程。

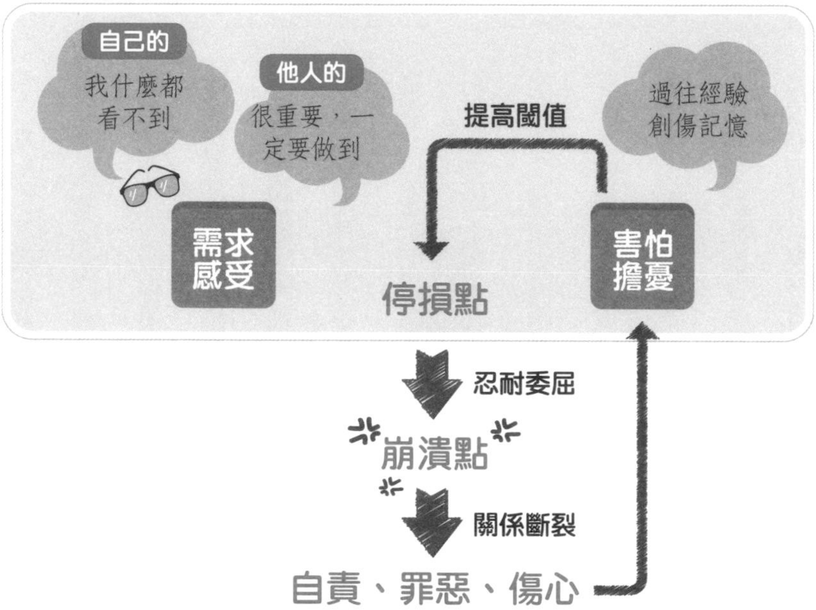

停損點與崩潰點

設立心理界限中，停損點的概念很重要，就是你開始感覺哪裡不對勁，感覺不舒服，並且覺得對方的行為使你受傷，就應該要設下停損點。但總有許多原因阻礙我們，導致對方在關係中將許多事情視為理所當然，之後得寸進尺，直到你的身心枯竭崩潰為止，因此我把它稱為崩潰點，也就是你已經不想再去管他怎麼想，你已經對他心死，只想透過結束關係來終結身上的痛苦。

舉一個很簡單的例子：

Sara 的國中好友 Candice 離婚了，其實她們也好一陣子沒碰面也沒有聯繫。一個月前，兩人剛好在咖啡廳相遇。Sara 看到 Candice 面容憔悴便關心她的近況，才知道她剛離婚一個月，心情愁得發慌也找不到人聊天。結果，Sara 就陪了 Candice 聊了一下午，好不容易才讓 Candice 冷靜下來。

從那天起，Candice 每天晚上都跟 Sara 通話，一講就是兩個小時，似乎有說不完的事、抱不完的怨與流不停的淚水。Sara 起初還有耐心聽，但又覺得自己幫不上任何的忙，建議 Candice 去心理諮商時，她又說自己沒事，過一陣子就會好，卻在同樣的事情上打轉。後來，Sara 開始不接 Candice 的電話，但 Candice 就會留言給她，語氣非常哀怨。Sara 又因此於心不忍，但一想到接了電話兩小時就飛走了，連先生都開始唸 Sara 多事。

Sara 也漸漸覺得自己越來越憂鬱，常常為一點小事就感傷，對很多事情的忍受力也下降了。朋友提醒他需要停止幫助 Candice，但 Sara 覺得這樣太殘忍，如果連自己也離開了，Candice 一定很可憐，但卻不可否認自己已經對她越來越抗拒。

終於在一次的通話裡，Sara 告訴 Candice 因為自己從外地回來太勞累，只能講十分鐘的電話，但 Candice 像是沒聽見一樣，又講了半個小時（而且又是相同的事），累到極點的 Sara 終於崩潰，她對著話筒那一側的 Candice 大聲吼了起來：「為什麼你就是聽不懂人話?!為什麼我這麼累了你也不體諒我？你知不知道跟你講話很浪費我的時間？你一直在講相同的事很煩，你知不知道！有病就要看醫生，為什麼又不承認自己有病?!難怪你會離婚，因為你根本不在乎別人的感受啊！」

啪！Sara 掛斷電話，心情無比輕鬆，終於可以多睡一個小時，頓時感覺好愜意。

隔天睡醒後，Sara 看了手機，很驚訝 Candice 沒有再傳哀怨的訊息過來，她一邊覺得無所謂，好像解脫了，但一陣陣的罪惡感依舊湧上心頭：

「我昨天的話會不會太重啊……她已經這麼可憐了，我還這樣傷害她……天哪，我昨天是吃錯藥了嗎？怎麼會講出這麼惡毒的話啊！這不是我啊！我怎麼會這麼殘忍，這麼糟糕啊！」Sara 於是陷入了強烈自貶、自責的循環裡。

無法設下停損點的三種現象

設下停損點的重要用意，在於清楚讓對方知道，你想要怎麼被對待，以及對方跟你相處的模式已經讓你感到不舒服。繼續這種模式下去，你會倍感痛苦，**所以你需要幫自己停下「模式」，而非停下「關係」**。然而，我們往往以為，停下「模式」就等於終止關係，便一直拖延到我們無法負荷為止。

例如：另一半經常對你說：「你就是這麼笨，什麼都做不好。要不是因為我，還真不知道你怎麼過生活！」這類具貶低意味的字眼，不僅令人喪失自信也會強烈自我懷疑，還會降低我們對他的愛與付出，強化對關係的不信任和痛苦。

我們要停下「模式」，設下停損點時，其實並非向對方設限，而是對自己設限，對自己在關係中的投入和付出設限，讓對方知道，如果再繼續貶低你，你不會再用如同過往一樣的方式對待他。

可是，阻礙我們設下停損點的有三種現象：

1. 無法清楚自己的真實需求和感受

太多人因過往的感受被否定與壓抑，經常懷疑自己的感受。「我這樣想是對的嗎？是不是太自私了？」這往往是面對關係不舒服時，腦袋裡所冒出來的話。當我們不懂自身的感受，就不會知道自己想要被對待的方式，可能我們會說：「你這樣說話很難聽」，但卻無法明確說出，你希望對方怎麼跟你說話。

我們時常會對自己的需求有羞恥和罪惡感，好像那是貪心又自私的行為。但長期的需求匱乏，只會讓我們在關係裡變得畏縮和抗拒，甚至會有攻擊性，最終還是破壞關係。

2. 對方的需求比較重要

優先照顧對方的需求或認同對方，拿對方的話語鞭打自己，相信自己就如同對方所說的模樣，或無法忍受對方對自己不滿意，而努力迎合他人的需求，拋棄自己的感受。過度為人著想和體貼，成了侵蝕關係的毒藥。因為，真正讓我們不快樂的，是我們以為，讓對方快樂，我們就會快樂，但卻忘了一個前提是，若我們還不夠清楚自己也還不夠穩定，一味付出只會帶來更多委屈和不公平的感受。

3. 被過往的情緒困住

當我們在關係中失去過，沒有處理完的難過和受傷，會轉化為後續面對關係的恐懼與擔心，導致我們也一直在擔心跟害怕——會不會我說出需求就會被討厭、被拋棄？會不會我對他生氣、不滿，他就再也不愛我了？

無論是失去過，或者過往照顧者的情緒特質不穩定，都特別容易形塑出我們在關係中的不安全感，帶來討好或經常性憂慮的特質。而這些卡住的情緒也影響著前面兩點，讓停損點一直被錯過。

可是呢，親愛的，錯過的停損點，最後還是會直逼崩潰點，也就是，當我們不懂得設立界限，還希望對方喜歡我們，或者希望維持關係時，我們就算是「夠好的人」，最終還是無法好好維繫住關係。而崩潰點的發生，讓人自責、罪惡和傷心，強化負面情緒的累積，也強化對關係的恐懼和憂慮，我們更因為這樣而不願意失去關係，提高了對停損點的閾值，延長下一次在關係中所忍受的時間，直到真的再也無法承受而崩潰為止。

所以，覺知到停損點以及自身的需求和感受，非常重要。我們為他人著想卻忽略自身情緒，其實在人際相處裡仍有某部分的幫助，也就是在這過程中，我們得到渴望的「被認可」與「被需要」，會讓我們自我感覺良好。但肯定來自外在，會容易產生匱乏，也容易被他人利用或情感剝削。

關於我們如何成為需要他人認可的人，在之後會有更細緻的描述。

1/5

文化與教養如何影響心理界限？

很多缺乏心理界限的人往往在早期成長的經驗裡，就飽受情緒上的折騰，即使覺得辛苦，他們還是認為是自己的責任。即使覺得壓力很大卻無可奈何，沒有其他選擇。

親愛的，接下來，我要來跟大家談談，什麼是從小就充滿情緒壓力的情境，還有其影響是什麼。其實，這現象在文化中很常見，父母在成長過程承襲了歷代祖先的教養觀點，也自然會將教條沿用在他們的教養經驗裡。**而我們經常誤以為，所謂的「孝順」，就需要孝養、順從與承擔父母的一切，這是一種愛的表現，也是身為「家」的一分子該有的行為，卻讓孩子在成長中、在關係裡長期受苦。**

教養當中常見的毒性教條

愛麗絲．米勒（Alice Miller）在著作《全是為你好》（*For Your Own Good*），提出陳腐的家庭規則，稱為「毒性教條」，希望孩子成為有耳無嘴的好孩子，共是以下七點：

1. 對需要大人照顧的孩子而言，成人就是他們的主人。

2. 成人像上帝，可以決定是非對錯。

3. 孩子要為成人的憤怒負責。

4. 父母犯錯可以免受懲罰。

5. 孩子在生活中獨立，對權威的父母來說是一項威脅。

6. 孩子太好強的個性要及早「化解」才好。

7. 對孩子的管理要早在他們不知道的時候就開始。

在這毒性教條中，可以看見幾點：

1. 父母是全知全能的上帝。

2. 孩子不允許擁有自我。

3. 孩子該為父母的情緒負責。

這些毒性教條養出來的孩子，在無法擁有自我的情形下，就無法肯定自己，對事情容易感到自卑又自責，既然無法肯定自己，就不會肯定身上的情緒，也無法感受到自己的界限，成為一個界限模糊，容易受他人影響或擺佈的人。

很多大人會習慣在孩子有自我意識的時候，施壓也企圖扭轉孩子的性情，希望孩子變得溫順與乖巧，沒有自己的聲音。孩子的界限被一點一滴地打碎，對自己的想法、觀點、價值也產生劇烈的質疑和否定。剛開始，他會感覺憤怒而拼命反抗，當大人要他往東，他偏要往西，卻得到更強烈的皮肉疼痛，或更難堪的言語責罵，直到倔強的孩子屈服為止。

孩子在缺乏界限時，會變得焦慮、脆弱。焦慮是，常不清楚自己的想法和感覺是否正確，需要不停尋找正確答案，也依賴別人才能拿定主意，很難自己作主，這種狀態讓他很焦慮、無助，也容易讓周遭的大人對他更沒有耐心，讓他備受指責，陷入自我厭惡的惡性循環裡。

文化中的孝悌楷模

「我小時候，爸爸因為在外地工作很少回來，所以我感覺自己跟媽媽相依為命，每天都很在意媽媽的心情，如果媽媽難過，我就會很擔心。」Miley說著自己的故事，「我為了讓媽媽不要太累會幫忙帶弟弟妹妹，也會做很多家事。可是，我經常不知道為什麼媽媽還是不開心，我一直覺得自己做得永遠都不夠……」

在文化裡，我們或許會說 Miley 是所謂的「孝悌楷模」，既孝順又愛護弟妹，是難得的孩子。但這樣的孩子往往無法做自己，這些孝悌的行為也經常被視為理所當然。

從心理學的角度來看，我們會說他是親職化的孩子，像父母一樣照顧弟妹的孩子，同時又有另一個角色——「情緒配偶」，承接媽媽的情緒，取代了爸爸應該要照顧媽媽情緒的工作。

所以，在米勒的毒性教條裡，雖然說到「孩子要為成人的憤怒負責」，但更多的時候在家中，孩子就算不用被教育，也會對父母的負面情緒負責，包括傷心、失落等等，對孩子而言都極為沈重。

Miley 的故事在很多大孩子身上看見，小小的年紀就無法當孩子，必須當個厲害的大人。有時候，我會說他們是小大人、小老公、小老婆或小爸爸跟小媽媽。只要有一個除了孩子的角色在身上，對孩子就很多了。而 Miley 同時身兼小老公和小媽媽的角色。

當孩子無法當孩子，心中永遠會存有失落，許多被延宕的需求不斷被壓抑。可是，當他們想到自己的需求，又會自我嫌惡地責備自己自私，不會為人著想，而將自己一生奉獻給家人。他們在沈重的責任裡無法擁有自由，也無法享受生命。

然而，缺乏心理界限的原因，除了早已習慣承接情緒外，很多是來自早期的無助和恐懼，害怕失去母親，更害怕不被母親喜愛。

由於孩子早期的世界環繞著大人旋轉，大人就是孩子的全世界。但當「全世界」都不開心的時候，還有什麼比讓「全世界」開心更重要的事呢？當然，自己的感覺就沒那麼重要了，自己的疲憊也不重要了，因為孩子小小的心靈裡已經被恐懼占滿，也不會懂得自己一直經驗的事物，早已超出自己能夠承受的範圍。只要「全世界」要自己做什麼事，孩子一定會去達成。而孩子也會覺得，這理所當然是自己的責任，包括教養弟妹，或者被連坐處罰，甚至要當父母吵架時的傳聲筒、調節者等等，都成為孩子成長過程中的責任。

因為在孩子的核心信念裡，可能早就置入「我要為母親而活，才是好孩子」。

所以「我」就不重要了，「母親」永遠是最重要的。這種害怕失去母親的愛，像是一種恐懼的諾言，有一天當孩子無法再付出時，諾言就會實現，恐懼也會實現。

母親本來就很重要，但當我們失去「我」，就會在承受太多痛苦時卻不自知，身心無法負荷過多的情緒壓力，直接顯現出憂鬱和焦慮的狀態。這些強烈的情緒狀態都在強迫我們停止承受。但有更多人是發現自己再也無法承受這些負荷，所以害怕自己無法再為母親付出，成了不好的孩子，真正兌現小時候的恐懼，陷入恐懼與憂鬱的惡性循環裡。

親愛的，其實你們可以為自己在心中設立界限。設立界限最重要的是，要分清楚責任，也分清楚情緒。很可能你一開始經常分不清楚。因此，你需要鏡子，幾個你很欣賞其生活狀態的人，讓他們當你的鏡子，跟他們討論生活中的某些責任、感受，還有情緒，這會有辦法更明確地將責任畫分清楚，也能在心裡設立界限，不用為自己做不到的事耿耿於懷。

在這本書後面章節的介紹中，我會讓大家不斷練習找回「我」，也找回自己的感受，認清情緒後，我們就有能力去歸還情緒以及責任。如此，就能感覺踏實、鬆綁責任，也不需再擔心自己是不好且會被拋棄的孩子了。

民族與家族文化，容易讓我們缺乏界限

在集體主義與面子文化的架構下，我們非常容易被塑造成缺乏界限的人。

武志紅在其著作《巨嬰國》談論到華人家庭的八大鏈鎖，很切中要點。上一代有很多人，是透過相親結婚的，甚至一直到這代也都遺留傳統的相親觀點。你會發現，上個世代的相親結婚裡，並不是找個心愛的對象，而是尋找安身立命的安全感。

所以，一直到現在的婚介所，依舊很多人將穩定安全感的條件列為首選，「我要嫁給醫生」、「我覺得老師這職業不錯」、「公務員的話比較穩定啊！」這些要

求是基於穩定的安全感跟婚姻所需，但實質上卻是缺乏情感連結和基礎的婚姻關係。這樣的婚姻關係會因為親密感的匱乏，以及追求和諧家庭生活的宗旨，讓他們在關係裡想要逃避衝突，導致相敬如賓，或是相敬如「冰」。

重男輕女的文化下，代代的性別創傷

有許多家庭依舊傳承重男輕女的文化，家中男生有更多的資源、關愛與關注，女性卻沒有太多資源，加上前述婚姻關係不夠親密，女性在婚姻生活中並沒有感受到，身為妻子的價值與親密。於是，許多母親會將重心轉移到兒子身上，體會身為人母或母憑子貴的安心感。

而從小被大量關注的男孩，也許看似資源豐厚，卻不一定擁有自由和自己的聲音，他可能很多事情都被安排好，更沉重的是，所有大人都將期待放在他身上。當兒子回應不了期待時，又看見母親一生為他犧牲奉獻，讓多數男孩都有一種「被吞沒」的恐懼感。這也是另一種所謂「先生跟工作外遇，太太跟孩子結婚」的現象。

做為女子，其實不需要羨慕哥哥或弟弟等手足，可能你不知道，他們心裡一直有被吞噬的恐懼感。這也讓多數男性在婚姻、兩性關係裡，容易呈現被動的狀態，因為另一位女性的存在，會讓他聯想到媽媽要將自己吞沒的狀態。

當母子關係過度緊密，會導致分不清是自己還是母親的感受、需求，這樣的性別傷害令他們一旦經驗在感情經營的無力感，就覺得有義務承擔起對方對自己的失望，但又無法回應或不一定有能力與對方平行談話，或區分清楚「你」、「我」感受，容易在關係裡當逃跑者，逃到工作中或逃到小三懷裡。

看到女兒這邊，假使媽媽本身有很大的重男輕女之創傷，就會把女兒投射為那個小時候很討厭且備受忽略的自己，因此她可能對女兒要求非常嚴格，導致母女關係糾結。

女兒渴望得到母親的愛和認同，卻經常感覺被媽媽拒絕，甚至小時候會恐懼自己被送走或遺棄。因為感受不太到關注與價值，心裡便衍生被拋棄的恐懼感。

在我的實務工作中，的確有許多女性帶有強烈被遺棄的創傷，而在她們身上都容易看見孤兒的原型，有著強烈的失落感、對自己和他人的不信任感。當她們進入關係，就會渴望抓取和控制，避免自己再度遭到拋棄。所以，她們會為了安全感，選擇讓她們感覺安全有保障，但不一定是有親密感的人，就在關係裡上演一追一逃的現象——男性會抗拒，女性會渴求，又淪為上一代的婚姻關係。

當我們的教養衍生出這麼多的恐懼，我們就會被迫去承擔，也會被迫去討好。在關係裡無法成為一個完整的個體，完整表達自己。當獨立成為背叛，每個人的內在聲音變得不再重要，就會形成缺乏活力和生命力的個體。而自我的強壯度與自由度，往往與生命力有極大關連，這也是為什麼許多被迫嫁人、被迫選哪一個科系、被迫從事某一種行業的孩子，會在生活裡逐漸喪失精力，才會有「很多人三十歲就死了，但八十歲才埋葬」的現象。

但你說，這樣的缺乏界限是代代相傳、環環相扣的，那該如何是好？

親愛的，它是可以被破除的，只要從你自己身上做起。當你願意去看見系統的運作，懂得這些背後心理因素與層層堆疊的恐懼感，還有糾結不清的情緒，開始為自己與他人設立界限，就有機會保護自己，保護伴侶關係、工作，也避免自己的母子或母女關係干擾你的伴侶關係或工作。界限能幫助你的生活成為各自獨立又靈活的狀態，如此便不會感到窒息，或動彈不得。

1/6

為什麼我們要建立界限？拒絕別人不是很自私嗎？

活在講究「群我」文化中的我們，容易有著這樣的共通點：害怕與眾不同、害怕孤單、過度在乎他人的反應。

整個文化影響父母，也影響著我們，成為一個個不敢擁有自我意識的個體，也因此對自己的界限感到困惑不安，讓我們在獨立和依賴之間徘徊，在討好與委屈之間痛苦。

設立界限常見的迷思

在亨利．克勞德博士（Dr. Henry Cloud）及約翰．湯德森博士（Dr. John Townsend）所撰寫的《過猶不及：如何建立你的心理界線》（*BOUNDARIES*）中，提供了八個界限的迷思，你就會發現，這樣的想法究竟有多普遍！

1. 設立自我界限代表我是個只為自己利益而活的人。

2. 設立自我界限是冷漠的象徵。

3. 設立自我界限會遭到他人討厭。

4. 設立自我界限，我就是一個傷人者。

5. 設立自我界限，代表我是個地雷很多、難搞的傢伙。

6. 別人設立「自我界限」，我就會成為受害者。

7. 「自我界限」是產生愧疚感的元凶。

8. 設立「自我界限」，會成為孤獨一生的人。

有看到嗎？在界限的迷思中，都是在設立界限中對自己的批評與指責，並且害怕自己不再是他人眼中的那個「好人」，無法再獲得他人的肯定與連結感。一旦我們無法得到他人的認同，而自我內在又不夠強韌有力，無法支持自己的決定，就會感到強烈的不安和無力感。

剛開始設立界限是會令人害怕的，害怕因為界限的設立，他人會離開自己。然而，你的「不」是由你自己操控。你擁有界限的主控權，但不是讓界限控制你。假設你的朋友對你的界限表現出成熟與尊重的態度，你覺得自己已經處在一個安全的狀態，界限依然是有彈性可調整的，並非永恆日僵化。**我們永遠可以決定我們的大門要向誰開啟，只要我們願意向內詢問自己。**

越能設立自我界限的人，其實不容易動怒也不難搞，因為他明確瞭解自己的接受程度，與自己在情緒上和能力上的限制。有時候，不是我們不想做，而是我們情緒上難以負荷某些事，在這個情況下，我們也需要建立界限，尊重與保護自己。

設立界限的重要性

我相信，介紹到這裡，你們會開始理解設立界限的重要。更細緻來說，界限的設立可以有以下幾點：

1. **自我完整的人，可以幫別人完成目標。**
2. **我們都需要被尊重是一個獨立的個體，而非他人的財產或附屬品。**
3. **瞭解自己的有限性，才能持之以恆為關係付出，保護關係。**
4. **體認自己的需求與感受，才能平衡施與受。**
5. **感覺自己被保護與接納，才能擁有健康身心的狀態。**

當一個人懂得「拒絕」，反而提高「答應」的價值，按照自己的意願選擇是或不，對方就會明白，他能從你這裡得到或得不到什麼。學會說不也讓我們保持個人完整性，我們不需要在自己身上不斷放入他人意見，也保有自我的價值和感受。

在實務工作裡，我發現，無法拒絕者容易會將「他人行為」跟「自我價值」連在一起。也就是說，他們希望透過不拒絕他人來獲得他人的開心、認可（他人行為是正向表現），覺得自己是夠好、夠棒（自我價值好）的夥伴；當拒絕他人，會看見他人的沮喪、憤怒（他人行為是負向表現），進而覺得自己是很糟糕跟自私的人（自我價值差）。

可是，拒絕行為並不是拒絕關係，也不是拋棄對方。拒絕也來自對自身「有限性」的理解，拒絕並不是永不提供幫助，而是拒絕在某些特定條件下提供幫助。當我們願意理解自身的有限性，才不會讓自己在付出時耗竭，也才有能力在關係裡更長遠地付出。

舉例來說，Andy 臨時要我在三十分鐘內買晚餐給他，但我拒絕了，因為我拒絕這個「沒有提早告知或詢問我是否有空」的行為，但我並不是拒絕 Andy 這個人。而未來如果他再次有求於我時，他必須要懂得提早告知並詢問，若我時間允許，我就會很樂意幫忙。

但不懂拒絕的人，除了無法分清「他人行為」跟「自我價值」外，有時候也分不清楚自己的感受，總是在關係裡害怕失去而討好他人，因此成為他人「有求必應」的供應者。一面背著對方偷偷抱怨（感受到委屈與憤怒），一面卻也對這種情況莫可奈何。

其實，我們都可以為自己消除心中的負向感受（委屈與憤怒），而不是坐等別人意識到自己要求過分，停下他們的行為。我們可以在承認心中的感受後，為自己設立界限，主動停下受苦的情境，這樣才有辦法真正在關係裡平衡施與受。

一旦我們覺得自己的感受（委屈與憤怒）被保護了，也被自己接納了，才有機會去過自由與健康的人生。而不是日復一日，停留在負向情緒的生活狀態裡，將身心健康消磨殆盡。所以，不懂說「不」往往是害怕傷害對方，卻不知道自己在慢性地傷害關係。

親愛的，當我們一直無法建立界限，下一個覺醒的時機，就是身心崩潰的狀態。而在那時，也會是我們毅然決然斷絕關係的時候。這種斷絕難以修復，可能是最傷害彼此的結局。

讓我們一起來破除這些深植內心的界限迷思，每一個人都值得去愛與被愛，也值得過健康且平衡的人生。界限的建立，就是幫助我們達成此生活狀態的前奏。當我們得以破除心裡的恐懼向前邁進，將能享受在自己和關係中的自由與尊重。

1/7

你是便利貼男女嗎？——缺乏心理界限的六種原因

「我好困擾，為什麼我的工作明明這麼多了，他們還要繼續加工作給我，都沒看到我一直加班加到發燒又胃痛嗎？」你滿腹心酸地抱怨著，感覺自己就像前幾年當紅台劇裡的「便利貼女孩」，但好歹劇裡的女主角最後躍上枝頭當鳳凰。這個角色詮釋了許多人在人際中的樣貌，卻也滿足了許多人在便利貼女孩最終人生歸屬的夢幻想像。而你則繼續不甘心地說，自己忙成這樣，怎麼有辦法交男朋友？

「這份工作真的很煩，同事也不願意幫忙我，他們把工作塞給我時，都不會覺得不好意思嗎？我老闆也是，才給我這樣的薪水，根本就是做三個人的工作啊！我好希望可以準時下班，我到底能不能好好拒絕別人啊？再這樣下去，我會爆炸！」

你再次哀嚎，顯然這已經不是你第一次面臨工作上的窘境了，抱怨接二連三，連你自己都討厭也瞧不起只能默默抱怨的自己，但就是無法鼓起勇氣說出口。又或者，你其實說了幾次，可老闆或同事的表情好像都只是顯示「朕知道了」，稍微展現一點不好意思的模樣，但更多的時候，是散發著「這有什麼嗎？」的氛圍，更讓你感覺無力和無奈，彷彿便利貼人生要成為你的宿命。

當然，窘境一直發生，痛苦延續到某日，便利貼女孩才有可能醒悟——原來，一切根源都在自己身上！也許我們人生就這麼不幸遇到壞同事和壞老闆，但老是都發生在自己身上時，就是與自己的心理界限有關了。

是我們挑選了工作環境，在不知不覺中，允許並接受他人對待我們的方式。缺乏心理界限的便利貼女孩，往往會將很多事往自己身上攬，也不好意思拒絕別人，對他人臉上的表情觀察細微，容易感覺歉疚，因此無法堅持原則，總是擔心他人對自己的評論及眼光，又希望自己在他人面前有著「好」女孩、「好」人的形象，卻在真的被發卡時，感到痛苦萬分。

接下來，我們看看是哪些原因讓人成了便利貼男女。

缺乏心理界限的六種典型

1. 情緒勒索的父母

這類型的父母會讓你難以按照自己的意願和渴望做事，在你不順他心意時，會聽到「我命怎麼這麼不好，生了一個不知感恩的孩子！」、「我好可憐，你們都不回來吃飯，我只能一個人孤單地吃……」經常引發你的罪惡感，讓你不得不順著他的心意去完成一些事情。

「你要離開家鄉去念書我好難過，這樣久久才能見你一次，你可不可以找離家近的就好？」而在你的生涯選擇上，他們的勒索會透過「軟性」的方式呈現，對你的選擇無法給予祝福和尊重，導致你對自己的人生很心虛，也會對父母感覺無比愧疚。因此，當你遇到拒絕就可能讓別人感到失望或傷心的狀況時，便無法拒絕。

有時，我會說，這類父母就像是自戀的父母，所有的事都以自己的感覺為重，也依賴他人的行為來肯定自己，依賴他人的「聽話」來證明自己的重要性，因而在親子互動中放大自己的感受和渴望，忽略與壓抑孩子內心的需求。

在自戀者的心中，無法將自己與他人視為獨立的個體，認為他人的想法和感受應該與自己一致才對。所以，當別人與他意見不同時，就會出現強烈的情緒。

所以，在關係互補中，總是重視自己感覺的父母會容易養出無法重視自己感覺的孩子（或沒有權利重視自己），同時這些孩子對於他人的感受會非常懼怕，不僅無法顧及自己的感受，還要著急地去滿足他人感受，卻在滿足之後倍感心酸與委屈又無可奈何。而失去感受的同時，也失去辨識界限設定的能力了。

2. 受苦的父母

這類型的父母也許因為環境或命運使然，經常為金錢的問題搞到焦頭爛額，因此需要身兼多項任務，呈現出勞苦的形象。他們自己也有很多無奈，但他們不一定會要求孩子做什麼，也不一定想讓孩子知道什麼，甚至把許多痛苦往肚裡吞。孩子往往自動會變得乖巧懂事，很多事就會撿起來自己做，當一個不讓父母操心的孩子。

有受苦的父母，就容易會有令人「放心」的孩子。這樣的孩子會不自覺過度承擔很多職責，希望透過自己的力量，減輕父母的憂愁。他們不喜歡成為別人的負擔，卻看不清楚自己的極限，因此常常分不清楚責任的分野。

這個慣性其實來自於早期經驗，一直幫不上父母的挫敗感，孩子下意識地認為，只要我變得乖巧懂事，爸媽的操煩就會比較少。然而，父母依舊操煩，可孩子自然會衍生出一套機制，是如果有人需要我們協助，就希望自己可以義不容辭地協助，好讓我們擺脫兒時的挫敗感，成為有用的人，可以有效幫助身旁的人。卻在不自覺間越扛越多，還很自豪自己幫得上忙，或者是非常有責任感的人，又因為自己太可靠，身邊也會有許多依賴型的朋友或同事。

所謂的乖巧懂事，也意味著他們不哭不鬧，不會表達出自己的需求和情緒，超齡的表現也壓抑著內心仍渴望當孩子的那份童真。

當我們壓抑自己的需求和情緒，就無法在界限被侵犯時有所自覺，會易於苛責自己做不到他人的要求，不會看見自己的界限被侵犯，更無法適時保護自己了。

3. 控制型的父母

在華人文化裡，特別容易有「孩子是父母的財產」的觀念。或者，權威與控制型的父母往往不允許孩子有自己的意願，也不一定會尊重孩子是獨立的個體。當孩子不是獨立個體的觀念被執行，父母就不允許孩子說不，孩子若是拒絕也會被視為「忤逆」。而孩子無法合乎父母心意，便會出現強烈的焦慮。控制型的父母常透過體罰來喝止孩子，在你的反抗中通常會有更強烈的打壓與威嚇，讓你不得不聽從。也許你心裡不服，但更多的情形是充滿委屈與不被理解的傷心。

許多愛控制的威權父母，通常身上也具有完美主義，對孩子期望很高，也期許孩子不丟自己的臉，自小的課業要求便是高標，孩子戰戰兢兢，在高壓的環境中有很強烈的恐懼感，也無力保護自己的心聲。

這類的孩子日後遇到權威的形象，就容易落入相似的情境裡，即使滿肚子委屈與不滿，也無法拒絕他人，傷心自己的努力沒有被看見，卻又恐懼自己做不好，或更深層的恐懼是自己不被愛，而戰戰兢兢地完成他人要求。

當一個孩子經常處於「恐懼」的情緒中，就很難感受到自己的意識和需求，會需要花很多心力克服內心裡「害怕被遺棄」的擔憂，所以在人際上就很難保有自己的立場和原則，更難有力量去拒絕，或捍衛自己的聲音。

4. 小大人角色

從小你就承擔照顧弟弟妹妹的角色，你不一定是老大，但一定有弟妹，經常被要求「分享」，並且不能「計較」，因此你對自己的所有物感覺困惑，你是否真正擁有過屬於自己的東西，還是你的東西往往不是你的，是大家一起共享的？

每一次你想要鞏固自己的玩具或食物，自私、小氣、吝嗇這些指責就會出現，引起你強烈的歉疚和焦慮，提醒你的職責，讓你感覺像是做錯事的壞孩子。而這會阻擋我們建立心理界限，讓人輕易地開門入戶來對我們予取予求。因此往往其他人會來「分享」你的時間、經歷、能力、空間等等，有時你甚至會用付出來感覺到自己的價值。

當孩子從小對於「所有物」的觀念不明確，又負擔照顧的責任，經常會把自我縮小，會覺得自己並沒有太多選擇，只能負擔起自己角色的職責。

如果你習慣付出、習慣分享所有物，以為這些行為會為自己換來親密的連結，但其實這有時候是需要，有時候則是拯救或幫忙，不一定會換來平等又平衡的連結，以至於身旁會有很多「長不大的孩子」或「不夠負責、不願付出」人，讓你持續在難以保有界限的關係裡。

5. 情緒配偶的孩子

情緒配偶是意指你變成父母情緒上的丈夫或妻子。原本應該是夫妻雙方講心事，但其中一個人卻不見了，可能是爸爸長期不在家，媽媽感覺孤單。這時，孩子學會察顏觀色，看到了媽媽的臉色很不好，就會覺得自己有義務要照顧媽媽，所以他成為照顧媽媽情緒的配偶，也就是情緒配偶的概念。

夫妻其中一方的缺席，可能真的是物理上的缺席，但更多的情況是心理上的缺席。常常跟另一半說：「我要加班」、「我就是工作很忙，沒辦法照顧你」就會形成孩子成了小老公或小老婆的現象，更演變為一種「爸爸跟工作外遇了，媽媽跟小孩結婚」的社會現象。父母之間有關係上的衝突，他們沒辦法解決，就會想透過把孩子抓進來，成為自己訴苦的對象，講完後心情好轉，就可以回到跟另一半的關係裡，而稍微感覺平衡些，所以情緒配偶就具有以下二種能力：

A. 平衡家庭氣氛的能力

因為爸爸安撫不了媽媽，媽媽就把情緒宣洩在孩子身上，這樣便有能力跟爸爸溝通。你可以想像成，當你對另一半充滿怨氣，找好朋友聊天、抱怨完後就好像沒這麼嚴重了，因此能夠回去與另一半相處。而文化中又有「家醜不可外揚」，所以心中的怨懟通常都只敢對家人說。

B. 同理與傾聽的能力

情緒配偶都是從小就發展出超強同理跟傾聽的能力，這些小老公小老婆的身分是從小就很會察言觀色，媽媽一個表情，他就知道發生什麼事了，擁有都不用講就懂這樣的深度有感能力。再來，因為他深度有感，所以他不可能輕易放下媽媽的感覺。在那個情況下，媽媽就是孩子的全世界，當你的全世界都不開心的時候，你怎麼敢開心？

孩子在成長除了需要他人，也會有需要被需要的時候，可是他被需要時卻是這樣的情緒餵養模式，那就非常危險了。他在被母親需要時，感受到媽媽身上無比強烈的情緒連結感，他會知道「沒有太多人懂媽媽的情緒，但我居然懂耶！」而這深度的連結是種愛的感覺，所以，他們就會在這個連結裡獲得歸屬感。

很多情緒配偶的孩子長大後其實很難找到自己另一半，因為他從小就有另一半了。或者，通常會演變成，當他跟對方結婚，就會跟對方說，你要住到我們家來，因為你要跟我共同照顧我爸媽。

這種缺乏界限者，因為習慣他人用「強烈的情緒」與他連結，像是需要你幫忙、需要你妥協，讓你感覺他們需要你，而你在被需要的過程中會擁有歸屬感，因此「拒絕」往往不是你的選項。你難以看見自己的情緒，已經太習慣照顧別人的情緒了。

6. 無法原諒自己的人，或者自我定罪的人

如果這個孩子從小做了某件事，像是強烈的虧心事，沒辦法原諒自己，就容易被情緒勒索，因為身上有陰暗和無法接納的部分。當我們身上太多陰暗，就會自我苛責、自我批判，自己砍殺自己，甚至會自我放棄。

你自我放棄時，就會覺得「我是不是遵循別人的意思去過生活就好？反正我這樣過生活也沒什麼大不了？」、「我現在已經這麼糟糕了，還有人要跟我在一起？

我的人生就這樣吧！」

曾經有個案例，他是台灣九二一地震的受災戶，房子倒塌，媽媽也因此過世。他一直無法原諒自己，一方面他身上有倖存者情結，也就是當你家人因災難過世，可是你卻活著的罪惡感；另一方面，其實在九二一前一晚他跟媽媽吵架，原本都是他跟媽媽睡一起的。但吵架後，媽媽到隔壁房間睡，兩邊床隔著一道牆，分別睡著媽媽和小孩。牆若倒向這邊就會是小孩走掉了，但它卻倒向了另一邊，於是他認為「如果那天晚上，我沒有跟媽媽吵架，是不是媽媽就會來睡這邊，不會去睡那邊呢？」他很痛苦也花了非常長的時間，才讓自己從這件事情稍微平復過來。

他對自己強烈苛責的程度以及罪惡感，創傷跟汙點所形成的陰影，會損害個人「自我價值」與「自我意識」，以及對自己的看法，造成在人際互動中會特別容易自慚形穢，更難站穩立場，更容易受到他人言語的影響，也就難以保護自己的界限。

當我們能夠更認識自己，可以肯定自己要做什麼，就可以給予自己足夠的支持跟安全感。但要是你有很多陰暗面，無法給自己支持，就必須從別人身上拿取，所以別人怎樣可怕地對待你，你也無可奈何，因為你需要這樣的連結感。打造心理疆界時，你要看到自己是如何被餵養的，這點相當重要。

說到這裡，以上六種現象就是為何設立界限會有困難，而這些困難的背後都有相似的感受，其實不外乎就是我們剛剛講到的幾個重點：

你有罪惡感。

你很容易感到歉疚。

你很容易有恐懼感。

如果你內心動不動就會有上述的感受，或者，你是一個害怕生氣、害怕對別人展現憤怒的人，在設立界限時也會有很高的難度。

我們來看看剛剛提到的，害怕與恐懼感，也就是你害怕失去與對方的關係。在小時候沒有好好跟他人建立起安全穩定的關係模式，總是在害怕的情況下長大，很難去跟他人設立界限，也很怕別人眼中的自己是不夠好的，很怕別人對你失望。但害怕會造成你很難好好展現內心的聲音——沒有自己的感覺，也無法表達自身感受。

接著，你會很害怕傷害到對方，害怕當壞人。但你必須要去想，這些害怕到底是從哪來的？這真的很重要。為什麼會有這麼多的害怕呢？那如果我真的讓對方失望了，後果究竟會多可怕？要知道，恐懼感是會自我餵養的，也就是說，會被自己不斷提起，不斷放大，搞到最後你會覺得，自己是個無法好好跟別人相處的人。

再來，是缺乏朋友圈。若是沒有穩定支持自己的人在旁，會很容易陷入某段關係裡。如果這段關係一直剝削你、對你予取予求，但你卻無法離開，其實很有可能是，只有這個人可以給你，你很渴望的某種歸屬感和連結感。

不過，設立界限時，朋友是很重要的，因為朋友需要支持你度過那個內心充滿恐懼、罪惡與歉疚的時期。有時，這麼強大的感受融合在一起，獨自一人很難面對，所以缺乏朋友圈，很容易有設立界限困難的狀況。我看到很多人，他們在人際中其實滿孤立的。但越是孤立，就越難設立界限。

在你的人際相處法則裡可能有兩種現象，就是所謂的「極化」或「二元對立」的現象。你跟這個人有關連、產生連結時，有時你就無法跟他說你的真心話。例如，你可能不喜歡講的真心話就是：「我很不喜歡你在別人面前掀我的底，我告訴你這麼多私密的情感或生活經驗，你卻告訴別人！」但你會想，假使我誠實以告，這個人就會翻臉不認人而離開。

你該仔細想想，為什麼對你而言，你會覺得對方會因此翻臉不認人？為什麼你這麼不信任自己，在你的情感或你的關係裡所付出、所奠定的基礎呢？

請回到你對自己的相信之中，你是否相不相信自己呢？你需要去詢問自己，你在關係裡做了很多事，已經有足夠多的信任了。再者，覺得自己沒有價值也是其中之一，你不相信自己，你有太多恐懼，不相信你的付出是會讓別人願意聆聽你內心的聲音。這是自我價值的部分。

還有，他人的眼光和社會的期待，這其實就是我們對界限的迷思。我們好像覺得，當個有自主意識的人很自私，但有時卻又好羨慕那種很有原則、很有人際魅力，很敢說出自己要什麼的人。我們所羨慕的這些人，你會覺得他們是自私的嗎？只為自己著想嗎？

界限的建立都在保護關係，保護我們在關係裡願意持續不斷地付出。因此，你在關係裡的感受是很重要的。如果你願意用這樣的方式思考，你就可以幫助自己設立界限。

希望大家可以透過自己過往被教養的方式和童年經驗、或傷痛事件的覺察，看見自己在人際互動中的影響和限制，才能在下一次他人有超乎你極限，或非你責任歸屬的要求時，回到自己的內在，詢問自己：我要讓這個人進入我的思維和生命嗎？我要重複讓這個令我無奈、委屈的事情發生嗎？我是否有好好照顧與尊重自己內在的感受？我是否能說出我想說的，而且不傷害他人也不被傷害呢？

現在，讓我們一起停下來感受自己。也許，你會有不同的答案。

Part Two

關係裡設立界限，
創造更深刻的連結

2/1

忍一忍，很多事情就會轉好？

很多人在親密關係裡都有這樣的困擾，覺得自己無法進入很深的信任與連結的關係，有的人在關係初期就不自覺想退出或逃避；有的人則是經歷好幾年，都一直沒有感覺到與對方有深刻的連結。但偶爾，我們要讓自己在關係中「忍一忍」，深刻的連結才有辦法建立。

「愛是恆久忍耐，又有恩慈……」～〈愛的真諦〉

〈愛的真諦〉如此唱誦，可很多人卻在關係中掙扎，因為發現在愛裡有許多事無法「忍」。我們以為是自己不好，沒能忍耐得住，卻不知道我們其實忍錯了，一再姑息對方，又讓對方無法為生活負起責任；也不知道，有時候我們要忍的是自己；要限制的，也是自己。只要我們願意限制自己，很多連結反而建立出來了。

關係中的必須「忍」：關係中的張力

當雙方出現不高興、失望的情緒時，必須忍住。我們會害怕受傷和失去，因此無法忍受對方的「不滿意」所帶來的關係張力，覺得自己做錯事，而在這種張力裡不斷討好對方。有的人則是直接選擇逃避而離開關係，但究竟關係裡的「不滿意」為何，最終沒有被解決。

讓自己待在關係裡去面對彼此不滿意的部分，忍住心裡想逃離和妥協的欲望，正視對方與自己不同的聲音，在這個階段非常重要。

「你為什麼都這麼忙，不來陪我……」男友這樣說著。

女友感受到一股罪惡感，似乎自己在關係裡沒有扮演好自己的角色，但又覺得委屈。這幾天父親生病，工作又忙碌，真的分身乏術，她很想做得面面俱到，卻沒想到男友還是不滿意。

「對不起……都是我不好……」女友怯懦地說著，心裡又內疚又委屈。

「你不要加班了，我不喜歡一個人吃飯，你下班趕快來陪我！」男友像個大男孩般要求，吃定女友會為他再多擠出些時間來。

親愛的，關係會失衡，都是我們在每一次的「張力」裡所做的「選擇」，而這個「選擇」餵養出予取予求的模式，對方也不一定懂得同理你的處境，甚至無法在你需要的時候幫你忙。在這個情境裡，女友的特質有過度為他人負責的傾向，習慣將錯攬在自己身上，卻沒有意識到自己已經到了極限。

所以，究竟要「忍」什麼，才能取得關係中的平衡呢？

女友的討好來自於內心的害怕，害怕失去關係，也害怕他人眼光中那個「不夠好」的自己，所以無止境地付出，希望能讓他人滿意也維持住關係。當她無意識地退讓和妥協，只會逼自己超乎極限，甚至可能在委屈爆表後，發現對方外遇或劈腿，開始批評指責對方自私，但自始至終她並沒有將自己的需求說出口。

在系統的觀點裡，過度為人著想的照顧者往往會吸引不會替人著想的被照顧者。而從我許多的心理界限課堂上，已經見識過不少很會照顧人又缺乏界限的女性，都會覺得自己的另一半像個大奶娃，總是嗷嗷待哺。有時候她們甚至覺得，另一半是沒有肩膀的，因為她們自己就很有肩膀！

閱讀本書的你，很可能也有過類似經驗。若是如此，你需要幫助自己去正視伴侶的狀態，以及關係困境的考驗，因為都是你所吸引來的。你可以為自己透過忍耐解開這些難題。上述案例裡的女友，她可以做的，就是要忍住內心的擔憂和害怕，讓張力持續，直到找到關係的平衡為止。

不再擔憂關係張力，為自己解開關係失衡的難題

我們需要告訴自己：「我很害怕他人對我的觀感如何，也很害怕失去關係，這些害怕我都理解，而我現在要做的，是為我們關係的平衡與深化做點什麼，一直付出和妥協並不會使關係圓滿。」

因此，女友可以這麼對男友說：「我很抱歉讓你感覺被冷落了，我也想多花點時間陪你。這陣子的生活，我真的累壞了，也很需要你的陪伴，尤其是你的理解，可以讓我覺得我不是一個人在苦撐。你願意陪我一起度過嗎？你覺得，我們可以怎麼做？」

女友的這段話，一共做了這些事：

1. 承接與理解對方的感受。

2. 說出自己的感受和需求。

3. 找到可以共同面對挑戰的方法。

如此，對方才能懂得你的需求、處境以及困難。兩個人都需要在關係裡負起責任，負起保護這段關係的責任，而不是單方面要求某方來滿足另一個人孤單的感受。

在關係裡，我們並不需要另一半總是提供肩膀，他只要可以「適時地」提供肩膀就很足夠。但我們是否也能在需要時表達給對方，往往是關係中的「照顧者」最大的挑戰。當我們懂得表達自己需求，才能讓另一半有機會學習付出，平衡關係的施與受。

親愛的，我們最終要尋求的，是關係中的「共識」，不是關係中的「和諧」，甚至單向、假象的「滿意」，並將關係張力視為威脅或否定。因此，在忍耐中，我們幫關係建立保護的界限，不會受到外在因素（親人疾病、工作）的干擾，而傷害彼此的親密。讓彼此在安全的環境裡，感受到支持與連結，也在共識的建立中，深化彼此的信任與親密，有足夠的韌性來共同面對關係裡所產生的挑戰。

2/2

愛不是交換，是很深的尊重

某天和朋友討論到關係相處的情境，我們彼此交換看法。沒想到，過程激盪出令我深思的火花。

其實故事很簡單——

男孩工作一整天很累了，想要好好放鬆吃頓飯，但已經晚上九點多，有點晚了。而女孩剛跟朋友吃過簡單的晚餐，覺得可以再陪男友吃一點。然而，當她知道男孩要十點才到，便開始嚷嚷著說：「也太晚才吃了吧？我好累，想睡覺了。」

男孩心想，其實自己真的需要好好吃一頓，也不想勉強對方，但女孩似乎不停催促。於是，他便說：「那你去休息吧。我自己去吃就好。」女孩又立刻回答：「不要啦！我陪你去吃，我會打起精神的。你快過來吧！」

不過，男孩已經累了一整天，最需要的就是放鬆、吃頓飯。面對女友的反應，他也開始感到有些不耐。

這故事是有脈絡的，男孩已經不止一次感受到女孩催促以及不耐煩。而每一次他有需要，女孩都會基於某些原因要求男孩別那麼做。上次是女孩要男孩煮飯，但男孩想吃壽司，女孩便說：「那我自己煮好了。」

然而，因為男孩已經答應女友了，就告訴女孩：「我可以煮飯給你，但我還是想吃壽司。我可以吃自己煮的，也吃壽司。」

但兩人在超市買完食材後，女孩就一直催促，嚷著家裡的電鍋就要爆炸了……

在我跟朋友討論這則故事時，發生許多有趣的環節。

朋友告訴我：「聽完故事，我覺得這男的根本就是任性的吃貨！」

我問：「可是你沒有發現這個關係相處哪裡有狀況嗎？」

朋友回答：「嗯，是會覺得有點壓力啦！」

我說：「好，我再繼續說給你聽。」

你的付出真的是對方需要的嗎？

其實女孩很細心，總是想分擔男孩的工作。只要男孩面臨到工作上的困境，女孩就會幫忙找很多資料，像是男孩提到老闆需要幾家系統商的資訊，但由於領域差異頗大，不是男孩熟悉的範圍，女孩就問了身旁的朋友立刻幫男孩蒐集到很多資訊，讓男孩很感動。其實男孩也不是真的需要女友幫忙，但只要男孩提到的事，女孩就會主動協助。

朋友說：「天哪！這女友也太好了吧！那男生還任性個什麼勁？這樣的女孩去哪裡找?!」

「可是你有沒有發現？男方其實沒有要求女生做這些那些，但女生會用自己的方式付出她對男生的關心。男方一定要全盤接收嗎？」我問。

朋友理直氣壯地告訴我：「就是在乎，才會想要付出關心啊！要不然女方也不會對誰都這麼做吧？這個男生應該要珍惜才對！怎麼只想到他自己呢？」

我聽了愣在一旁，驚覺這真是許多人都有的想法，認為**只要有人對自己好就應該感恩感謝，甚至，就不該有自己的聲音。**

我說：「其實這整件事讓男孩覺得不舒服的，就是自己的需求沒有受到尊重。可是女孩一直在滿足男孩其他不一定需要被滿足的需求。有時，我們就是都太以為『為對方著想』了，卻落入了讓對方為難的情境裡。」

朋友接著說：「可是他怎麼可以因為吃東西這件事就不開心，他應該要往女孩的『好』去想啊！」

我說：「是啊！你真的很善良，但關係並不是靠著善良就能維持下去。當你的需求不被尊重，又怎麼會不斷想著對方的好，而壓抑自己的感受和需求？

再說，**關係不是交換，不是他現在用他的方式對你好，你就應該要『犧牲需求』來回報對方，而是究竟關係中的彼此，能不能看清楚彼此的需求，並且尊重彼此的需求。**

如果男孩一直感受不到選擇的自由，他便會對這段關係感到壓力，一邊感受著女孩的好，卻覺得無力回報女孩的好，一邊又覺得自己無法自在做自己，但又不希望彼此不開心。」

付出若是為了換得愛與順從，便成了控制

親愛的，回到我們日常生活，你會發現，這是處處可見的相處經驗，不論是你與另一半、父母或者是孩子，都容易有這類現象——

「我對他付出這麼多，他為什麼還拒絕我？」

「也不想想我花了多少心思？他為什麼就是不能聽話一點？」

我們總是以為，「付出」可以換來對方的「愛」、「順從」，卻沒看見「付出」其實是控制的心態，要求對方按照我們的意識行事。當對方不願意時，就指責對方，認為不順從的人任性妄為，不知感恩，卻沒想到，對方其實是與我們不同的獨立個

體，有著自己的思維、意識和需求。

由於我們都在相似的文化裡長大，自然會把他人的付出看在眼裡，做出違背對方心意的事時，就會倍感罪惡，卻又再被壓制的情形下痛苦，終究失去生命力，也失去了愛彼此的能力。

在關係裡，我們需要擁有彼此的界限，就如同男孩需要在休息時，感受自己可以自由地用自己的方式休息。而當他獲得足夠的休息，也感受到自己在關係的自由，就能更有力量付出愛；女孩則需要懂得自己的付出，是自己想要付出，而不是企盼男孩的回應。

一旦你落入總是等待他人回應的位置，便會模糊自己與他人的界限，不時在他人身上找尋自己被認可與被愛的證明而患得患失，甚至開始控制他人的反應和行為，以確認自己是被愛與被認可的。

親愛的，我們都可以成為不必等待他人回應的人，只要你能懂你自己的好。

當願意看見彼此的差異，理解並給出彼此空間，除了是對自己的信任與尊重，更是在為彼此設立界限，去尊重彼此的意願，甚至支持彼此的決定，就會在界限裡充滿力量地愛，也更能創造健康與永續的愛。愛你的人自然會留下，不愛你的也無須再企盼。

2/3

無法改變家人？有一種苦，是你覺得他很苦

真正讓你操心的，是你無法改變他

你說，你很捨不得他在生命中受苦。

你無法放心他現在的生活模式，不懂他為什麼要這樣折騰自己。

你眼中的他，身上總環繞著一抹黯淡的孤寂，若有所思地在客廳裡看報紙，偶爾看見他開著電視，但心思也不知道神遊到哪去。

你很為他感到惆悵，心疼他活得單調又孤單，擔心他再繼續這樣下去，會更封閉；也不斷提醒他，你願意陪著他出去走走。你總會邀他一起行動，鼓勵他去與朋

友見面、出遊，但他卻不以為然，用各種理由推托。或者，你感覺到他其實有些勉強。

你很為他感到憂慮，多麼渴望他能盡興跟你聊天、歡笑，多麼期待他可以是你一通電話過去，就能談心的對象，他可以跟你分享生活，即便是你已經知道的單調貧乏，仍會讓你感覺你們像電視上演的父女情深的模樣。

——可惜他不是。

你和他的對話總是停留在日常瑣碎裡，你一直覺得他聽不懂你，或仍舊擔心昂貴的電話費而不願占線太久。你覺得，他一輩子都在謹慎與拘束的環境下生活著。你看他辛苦大半輩子，卻一直都無法享受，老是活在貧困的不安中。

你為他感覺心酸，卻也為自己感到難過。

是時代、是世代，是層層的生活歷史，阻隔著你們。

你越來越感覺無助，為什麼你嘗試這麼久卻怎麼也推不動他？

你越來越感覺憤怒，氣自己無能為力，也氣他冥頑不靈？

你越來越覺得挫敗，好像你沒有盡到子女該讓父母快樂的責任？

你越來越感覺痛苦，因為你同時得不到你想要的關愛？

你不相信，人不該是趨樂避苦嗎？

為什麼會有人願意待在這孤單寂寥的生活中，不願讓生活有更多的可能？你不懂在他日復一日的生活裡，究竟是什麼絆著他，使他不願走出自己的框框？於是，你歸納出了一個結論：一定是自己做得還不夠，否則他怎麼可能不願意改變？

即使你不斷在關係裡跌跤，也仍努力去改變家人的思維。

因為你是為他好！

你眼中的苦，他的守舊卻是穩定的安全感

親愛的，他真的苦嗎？他真的如你所說的那麼寂寞嗎？

你對他的那份操心與不捨，是真實困擾你的。你相信有一種生活方式比較快樂、有趣、豐富，也比較正向的，因此你不斷散播你所認為「好的生活」給你親愛的家人，試圖改變他們的思維和觀念，以及生活模式。

你看著他身上的衣服老舊又鬆垮，卻發現前些日子你買回去的衣服至今仍未拆封；你看著他總是節儉飲食，卻發現年節送的營養補品已經悄悄過期。

你納悶著你的關心和愛，他是否願意接受？他是否有看見？

其實，這之間的隔閡與溝通的落差，也有不同安全感的需求。他需要一種安定與安穩，這可能來自變動不大的生活，干擾不多的環境，一種可以清楚掌握現在與未來的生活方式，一種接下來幾年生活日復一日裡，有熟悉與 under control（在控制內）的感受。而任何一分的調整與改變，都帶來生活與情緒上的不安全感。他所熟

悉的生活步調節奏一旦亂了，會帶來焦慮與挫敗，也帶來自我否定的恐慌，那種「我怎麼這把年紀還需要擔心這些事、還做不好」的糟糕感受。

這不只是純然念舊、守舊、固執而已，也是他們對自身安全感的需求。即使生長在同一個家庭中，因為不同的個體和天性，為家人擔憂的你們都需要練習去理解。

為自己與家人的感受，畫出清明的界限

親愛的，真正的「為他好」，是接納他如其所是的模樣，尊重他最需要的生活模式，看見你與他對安全感不同的需求，放開你對他的擔憂與期待，也尊重他在這麼多的選擇裡，選了你覺得「苦」的生活。

你可以不捨、難過和無奈，但你需要練習清明地看見，他正在為每一天的生活做出他感覺安全的選擇。而你才能好好回到你自己的生活裡，不會一直受到家人的

情緒牽絆，害怕過你覺得「樂」的生活。

如果你一時不知怎麼做，可以練習在心裡說些話，照顧自己的感受，協助自己慢慢畫開心裡感受的界限。有一天你將能夠慢慢釐清你與家人的感受（他的苦？還是你覺得他苦？），並付諸行動。

自我照顧練習語

我尊重你的生命與你需要的生活模式，我尊重你的選擇與決定，我知道那是你覺得安全的生活，只有當你願意的時候，我才能真的幫助到你，去過我們共同認為「好」的生活。

我知道，我會為你感覺難過與不捨，這是我自己的事。而我也允許我身上對你有這樣的感覺，仍然尊重且不干涉你的選擇。

因為，愛是一種尊重彼此與如實接納，而我也願意如實地感受我身上的情緒。

我會練習用你想要的方式愛你、尊重你。

親愛的，放開對家人期待的過程並不容易，因為你會恐懼，你可能永遠得不到你最渴望的關愛方式。但你也用現有的方式爭取很多年了，不是嗎？練習用新的方式對待家人，也許這樣的「放手」，可以讓你獲得更多。

2/4

界限清楚了，關係才會更緊密

未正視的夫妻衝突，成為親子關係的阻礙

親愛的，兩個人在一起相處，最難避免的，就是擁有不同的經驗、想法和感受，而差異性往往是帶來衝突的來源。

以和為貴一直是我們文化所珍視的價值，卻在和諧與妥協中，消磨掉彼此的愛。在關係中不斷隱忍曾經是被推崇的美德，但依舊需要出口發洩，有時發洩對象就會轉向在家庭裡權力位階相對低的人身上。

因此，最常見的情形是，孩子成為父母其中一方的情緒垃圾桶，經常需要聽父母一方的抱怨或哭訴，或者更嚴重的，成為被情緒虐待的對象，經常需要承受父母

因情緒不穩而指責、體罰。

所謂在關係中的隱忍，意味著其中一方權力地位高，或是一方恐懼失去關係，而隱忍自己的需求，夫妻關係失衡，成為一言堂，影響到親子關係的健康。

關係的穩定與平衡，並不是權力大的一方終於有一天覺醒，開始懺悔自己多霸道、不懂得珍惜，關係就能平衡，而是關係中的另一個人也該為此現象負起責任，是不是自己因為害怕衝突而逃避問題、逃避溝通？是不是自己把對另一半的憤怒移轉到其他人事物身上，以尋求這段關係中的平衡？

面對關係中的衝突與問題，是為了保存彼此的愛

建立界限最重要的目的，是為了保存愛。既然要保存愛，就需要確保我們在愛裡彼此平衡與舒適。因此，「面對衝突」與「正視問題」就是建立界限的過程，也

在幫助我們真正地保存在關係中的愛。

可為什麼這樣做才能夠保存愛呢？

面對面的挑戰意味著，朝連結兩人關係的方向，表達出早該說出的話，目的是要兩人關係變好，變得更為緊密，產生更多關愛與敬重。界限的對話是起因於對彼此的在乎，為了讓痛苦和怨恨不在心中滋長，增強彼此的關係，而不是以結束關係為目的。

但可惜的是，我們往往是在忍無可忍的時候，才說出真實的心聲。這時，對方的回應如何，已經不再重要，因為那是我們已經決定要放棄關係的時候了。

一場真誠與開放的對話，可以保住珍貴的情誼。

親愛的，你可能會害怕，因為你認為界限就是拒絕，就是斷絕。這代表你對界限依舊有著許多迷思（請見第一章第六節）。我們過往總是忍無可忍時，才敢為自己建立界限，因為那時候，愛不愛都無所謂了。請記得，每個人都可以在愛受盡折磨前，為彼此建立界限，為關係負起責任，以保存與鞏固彼此的平衡。

家庭文化的差異透過界限溝通來緩解

回想一下，是否曾有過發生衝突或不愉快的經驗，因為你無法將事情說明白，導致後來關係變得疏離，甚至敵對？我們都希望關係是緊密的、可相互支持和依賴，但可能過往我們說出口的經驗，不是被拒絕，就是被否定，因此對差異性就越來越無法表達。而隱忍未說出口的話、沒有提出的不悅，往往壓縮我們的內在空間，讓心變得狹窄、自我限制。

例如：在你的家族文化裡，煮的菜沒有吃完，是對煮飯者的一種羞辱。在過往，你看見爸爸都是如此羞辱媽媽，而媽媽總是委屈求全，認為爸爸是家中經濟主要來源而悶不吭聲，你把這全都看在眼裡，在父母的婚姻中學會了男尊女卑，也學會了該把菜煮好、家庭打理好，才不會被另一半羞辱。

如今，先生每一次吃完飯，也都在每一盤菜裡留一點，母親被羞辱的畫面躍入你腦海，你不明白，為什麼你的夫妻關係要再次重複與父母一樣的場景，你這麼努力做好一切，卻還是感受到被羞辱，如同以前母親被羞辱一樣。你開始覺得委屈，甚至深信，之前先生對你的「好」和「承諾」不過是表面功夫。

兩人面對面表達出自己的想法，是解除疏離感的第一步。界限溝通本身就是一種連結，可以將兩人之間的問題，帶到關係的光亮處，一同看見，然後一起討論。當你終於鼓起勇氣去討論這件事，前提是你清楚內心的委屈，希望在關係裡不要再受這樣的「羞辱」，這通常是極為慎重又困難的決定。因為多數的我們會承襲父母的習性，在父母因應差異的過程裡，習得他們的相處之道，所以容易繼承母親委屈的感受，卻不一定懂得保護自己的感受。

然而，在這個故事裡，結果卻是出人意料的，當太太終於告訴先生對於「留菜尾」這件事的感受，才發現，原來「留菜尾」在先生家族裡有著完全不同的意義，是對煮飯的人一種尊敬。而最終，夫妻兩人要在界限溝通的過程，表達感受後，取得共識，避免再讓委屈或羞辱的感受持續出現，就能為關係立下保護的界限。

瞭解彼此家族的差異性後，有了再次得到滿滿的愛與尊重之感，這就是我們都渴望的、在關係中的深刻連結。

親愛的，界限溝通的過程或許不會很愉快，也會有自我突破的挑戰，卻遠比不斷潛藏傷害、憤怒、悲傷的累積來得健康。無論對個人的身心健康或關係的健康而言，皆是如此。練習敞開自己，說出心中感受，創造彼此緊密的愛和連結吧！

Part Three

關係裡設立界限，擺脫情感糾結症

3/1

家人，這麼近卻又那麼遠的關係

在這一節，要為大家介紹，對於家人的情緒勒索，我們究竟該怎麼擺脫？

在家庭中，最主要或說最可怕的心理糾結，就是「情緒勒索」了。接著，就讓我們來看個例子——

Lisa已經三十歲了，有個交往一年的男朋友一直沒辦法帶回家。以她過往的經驗，母親會把男友從頭嫌到尾，完全沒有可取之處；而父親則會在吃飯時，無視男友的存在，認為Lisa的男友會阻礙女兒邁向博士之路。

母親問：「你是不是翅膀硬了，準備跟男友走了？」

父親問：「我就你這個女兒，你就不能光宗耀祖嗎？」

這些對話，你是否也覺得熟悉？那種在對話裡，總是讓你有股過意不去的感受，讓你難以按著自己的意識行事。這就是情緒勒索的現象。

你通常會感受到強烈的罪惡感，無奈被迫停下手邊的事，按照家人的意識行事。美其名是聽話孝順，其實是被「情緒勒索」綑綁，讓你無法真正做自己，而這也是失去界限的表現。當我們在家裡不被允許有意識、有聲音，就無法擁有界限，以維持家庭和諧及完整性。

有時，你會不會納悶，某個家人的話就特別有力道，逼得你放棄自己的意識。但另一個家人的話就根本不當一回事？或者，為什麼在家中你會被勒索，其他手足就不會？這情況又是怎麼發生的呢？

我們先來探討一下，被情緒勒索的內在因素吧！

為什麼我們這麼容易被家人情緒勒索？

在任何關係中，都可能存在情緒勒索的情形，但在家庭關係裡，這是更普遍也更嚴重的。因為我們難以逃開或切斷和家人的關係。面對伴侶，可以分手；面對朋友，可以絕交。雖然我們不想如此，但尚有這樣的選擇。不過，面對父母長輩時，「血濃於水」令我們無法割捨和逃避。

我們之所以會界限不清，根源就在於，我們從小就被父母情緒勒索。記得在第一章第五節曾經提到的嗎？父母的毒性教條會影響我們的界限感，使得我們不能很好地區分自體和客體，因此無法獨立。這其實就是情緒勒索。

因此你會發現，情緒勒索是關係狀態的展現，當中有相互依存的課題，而既然是關係，就是兩個人的事。但又究竟是什麼，讓關係中有勒索者跟被勒索者，你為什麼會成為被勒索的人，一定是在這段關係中提供了某些東西，讓你感覺你願意被勒索。

有一個故事是這樣，Cindy 跟姐姐的關係並不親近。因為姐姐很受寵，但她卻是差點被送養的孩子，兩姐妹在家中的心理地位落差很大。三十多歲後彼此都結婚了，Cindy 才有機會跟姐姐暢談。她問姐姐：「我從小就一直覺得家裡很窮，因為媽媽一天到晚在哭窮，那你的感覺呢？」

結果，姐姐回她，媽就在演戲，你看不懂嗎？由於妹妹從小就被媽媽窮困的情緒困住，為了媽媽，省吃儉用，住非常破爛的宿舍，為的是幫媽媽省錢。可是姐姐沒有被困住，住好的，而家裡不夠錢，她就去打工。

但為什麼妹妹被勒索，姐姐卻不會被勒索？這當中最大的差別，就是她們的經歷不同。妹妹基於差點被拋棄的經驗，無法感受到自我價值，所以仰賴媽媽的一言一行。但姐姐自小受寵讓她擁有自我價值，便不容易被家人的行為牽制，這就是情緒勒索的共構狀態。

如果你在家裡也有這般情況，為什麼你好像會一直顧慮媽媽，可哥哥好像完全無感，你可以重新思索你們在家中被對待的經驗，所形塑出的自我狀態；當你像

Cindy的姐姐一樣，對自己有較多的肯定，對於別人的話語就不會輕易動搖。

Cindy差點被送養這件事，其實是一道被遺棄的傷口，令有過這種經驗的她產生強烈的自我否定感，因此對母親的話特別容易動搖、有罪惡感。只要媽媽說了什麼，就會往心裡去。可是輪到姐姐，受寵的經驗讓她對自己的想法和聲音有著自我肯定，能為自己做決定，也不輕易被他人的話影響。

情緒勒索是關係的共構，越是自我否定或自我感不清晰的人，越容易受人影響。但究竟為什麼在這麼痛苦糾結的關係裡，他們還願意一直被影響，這當中的關係利益或酬賞又是什麼呢？

以下是幾種共構與酬賞機制：

1. 孩童時期「照顧者」就是你的全世界。而當孩子被全世界需要時，會感受到連結與歸屬。因此，越是被否定的孩子，越需要黏人，從別人身上獲得肯定或認同，孩子需要「被需要」沒錯，但當他被需要的感覺是透過「情緒勒索」一般強烈的情緒餵養時，就非常危險了。這時，情緒勒索的存在，反而是一種深刻愛與歸屬的感覺。若失去這層連結，否定的孩子將會感到失根。

2. 拼接式自我：在成長的過程中，我們認識自己的方式，是片段片段拼接起來，從他人眼裡建構自我。如果你經常會說：「我媽媽說我怎樣怎樣」那代表你內在母親的組成很高，容易缺乏「自我價值」跟「自我意識」，會順應母親的思路走，享受被人決定人生的輕鬆感，無需真正長出自我意識，為自己的人生負責，反正好壞都是母親決定。

若要擺脫情緒勒索，就要看懂共構與酬賞機制。最重要的，是當我們能夠更認識自己，肯定自己要做什麼，並為自己負起責任，就能給出足夠的支持與安全感，無須依附於他人的認可，而不斷被控制。

如何面對父母或長輩的情緒勒索呢？

首先，需要能分清楚彼此的責任。

那天我在演講時，學員Kevin發問，他在父親仍在世時，很想到加拿大去念書，卻被母親阻止，說父親身體不好，不知道還有多少時日可以陪伴他，Kevin把話聽進耳後就決定不出國了。父親離開的幾年後，Kevin依舊想出國念書，母親就開始說：「有必要離家這麼遠嗎？你就這麼想擺脫我嗎？」惹得Kevin很苦惱，因為母親一直強調，如果愛他就應該陪在他身邊，但Kevin一直有個無法實踐的夢，不時感到無奈。

我相信，這個例子大家都不感陌生。當你想達成夢想時，父母成為你夢想的羈絆，還責難你的夢想不切實際與背叛親族，但這些責備與恐懼背後，其實是父母滿滿的分離焦慮，他們無法預見孩子離開後的孤單，更不願去承受孩子飛走後，兩老需要大眼瞪小眼的生活。

因此，在所謂的「責任」議題上，分成兩個層次：一是「家庭歷程任務」，另一是「個人成長任務」。

在家庭歷程上，當孩子成年，就該成家立業，獨立出去，擁有自己的家庭，或擁有自己的事業。家庭階段也會從滿巢期過渡到空巢期的階段，也就是說，原本家中的孩子都在巢穴裡受父母的哺育跟滋養，到了成年茁壯後，該具備能力飛出巢穴，成立自己的巢穴，家庭就到了沒有小孩的空巢階段。

空巢期的家庭任務，就是卸除父母的角色，好好回到夫妻生活上，重新回歸兩人生活，若夫妻中有一人離世，則是回歸到自己身上，重新做自己。

然而，在華人家庭中，最難卸除的就是父母的職責，對成年子女過度干涉。同時，成年子女也會透過某些行為，允許父母持續干涉，例如：做決定時不斷問父母的意見，三心二意，就像是邀請人來為自己決定一樣，那麼父母就會理所當然，進入干涉。

因此，在第一個「家庭歷程任務」的原則，當我們與父母對話，就要提醒父母卸下父母角色裡的擔憂與恐懼，練習讓親子之間以兩個成人的模式互動，尊重孩子的決定。要父母卸下角色，對父母而言的困難是，孩子在他們心中永遠是孩子，而他對孩子的印象是否總停留在少不經事的階段呢？如果是，身為成人，我們能否夠獨立自主，夠信任自己的決定和行為呢？

你可以說：「媽，想到我出國念書，你一定很擔心，覺得我還小會把事情搞砸，但我已經長大了，你可以不用這麼辛苦，我會照顧好自己。我也希望，你為了我們在年輕時奉獻出的時間，可以用接下來的人生好好彌補，去完成想做的事。你可以好好當自己，而不是只當媽媽。我看到這麼當自己又開心的媽媽，也會為你感到開心！」

在「責任」議題上，來到個人成長任務的部分。在 Kevin 的例子裡，其實母親有情緒依賴還有分離焦慮，所以面對孩子的選擇，總是有非常多的挑剔和批評。不允許孩子決定的背後，是擔心孩子離自己遠去。因此，無論 Kevin 出國深造也好，或者前述提到的 Lisa 與男友的例子，都是相似的心理因素——父母沒有準備好跟孩子分開。同時，父母也需要孩子的陪伴，來對抗孤單寂寞等各種情緒。

但對於每個人的成長任務，「情緒獨立」是很重要的一環。當情緒不夠獨立，就無法承受分離後的傷心和寂寞，孩子就要犧牲自己的成長，陪伴在側。當孩子本身也想著「自己一個人會很孤單寂寞」，就成了父母一樣陷入情緒依賴。

假如父母情緒不獨立，而你也是，就成了心理學上常見的共依存現象，好比糾纏在一起的藤蔓，痛苦萬分又難分難捨。

所以，在個人成長的任務的原則上，當我們要與父母對話，就要挑明去談事情發生後父母的情緒，父母一定會傷心、也會想念孩子。那在思念時，父母可以做些什麼，孩子又可以做到什麼？

以 Kevin 的例子，孩子可以說：「媽，想到我出國念書，你會不會很傷心？我知道這麼愛我，一定會傷心的。但這對我的人生很重要，你這麼愛我，也會希望我去做自己開心的事吧？如果你很想念我，那我教你怎麼用視訊，我們每天都可以視訊，或者你太想念我的時候，你就去做你最喜歡做的事情，把你對我的愛和想念放在那上面！你不是最喜歡花花草草嗎？我幫你報名花藝課，也去逛花市，你覺得怎麼樣？」

最後，我們還是要回到自己的需求和感受。容易被情緒勒索的人，特別會觀察別人的情緒跟感受，看見別人卻忽略自己。所以，你需要練習照顧自己的需求。其實你很委屈、很疲倦，需要休息。可能昨天陪了媽媽一整晚，工作都無法完成且一身疲憊，這時你要回到自己身上去肯定正在經驗的感受。現在身上的情緒，除了疲倦，還可能有很強烈的委屈，甚至是強烈的憤怒。

那憤怒的感覺是什麼？是我都做了這麼多，你都不滿足！

這些感受都值得被你肯定。可是當自我的組成裡有著許多否定時，你會跟著否定身上的情緒，會覺得「我怎麼可以生氣？她是我這麼重要的人！她從小為我們犧牲了多少事！」

許多被家人安排人生的孩子，都活得無力，甚至抑鬱。他們從小就習得的無助經驗，使得他們不能反抗父母，壓抑所有的感受，以至於連快樂都感受不到。

但我們身為人，就是會有感受、情緒與欲望，這些感受最重要的目的，是要警醒與保護我們，並非來搗亂。當我們錯誤認知感受的存在，終究會導致情緒上的疾病產生。

很多人罹上抑鬱症後來看診，才發現他們真正罹患的是「拒絕情緒症」。他在意識裡一直想要拒絕家人的情緒勒索，但在理性上無法做到，所以不斷拒絕自己的想法和情緒，最後衍生疾病，他們也得以逃離家人的掌控。因為潛意識裡，我們明白，當我成為病人，你就不能再要求我什麼了。

我在演講時對 Kevin 說：「如果你的夢想一直沒有實踐，會不會有一天你在暴怒時，對著母親衝出這句話：『都是你阻礙我的人生，要不是為了要陪你，我早就在國外工作了！』這種傷人的話？」

Kevin 對我點點頭，他已經有怨氣了，要是持續壓抑自身情緒，沒有適時設限，依舊有可能導致家人之間決裂。所以，首要任務就是卸除角色責任，以及與父母談分離的傷心。

愛，不需要指責，但需要被理解與說出口。當我們都能理解那份愛，以及背後的心理糾結，就能好好設立界限，擺脫父母的情緒勒索，往真正渴望的人生邁進，也幫助父母一起成長了。

前述提到許多面對父母的狀態，從這裡開始，要談談「面對自己」。如前述所提，當你有共依存的現象，經常跟他人的情緒和責任糾纏在一起，那麼你就需要為自己的行為和思維設限。

說到情緒配偶的例子，孩子承接家人許多的情緒，雖然感受到強大的連結，但對孩子而言卻是過度負荷，你需要看清楚情緒責任是家人的，你要告訴自己「這是他的情緒，不是我的情緒。他該學會照顧好自己的情緒，而不是我要逗他開心。每個人都有責任看好自己的情緒。」

我們從小就會不自覺承接許多情緒和責任，有些大人無法忍受或消化，就扔到孩子身上，但孩子更無法消化，導致孩子容易出現各種疾病。

想像一下，當你現在接起家人的電話，問你週五晚上是否要回家吃飯，結果你原定計畫是跟男友約了要去看電影，這一說激怒了家人，開始怒罵你不孝，週五不就應該回家嗎？怎麼可以去約會？接著又說，你翅膀長硬了！也不在乎家人了！怎麼會生出你這個不知感恩的孩子？

好，說到這，你可以聽見你的內在正對自己說什麼嗎？

你之所以被勒索，是由於內心也在責備自己，自己成為難以拒絕他人的幫凶。而這些自我辱罵與苛責的言語，需要被看見，並且明列出來。

像是，你會開始說：「他其實真的很可憐，唉呀！我也無能為力，不能為自己做什麼。電話打來了就一定要回家啊！不然怎麼辦？」你心裡往往有無助又無望的思維運作著。

在這事情發生時，你發現你對自己有很多很多的話。所以，**注意你內心的反應和思維，是第一步驟。然後，再次回到你內在的渴望。**一定要回到自己身上去想，你到底想要什麼？想要什麼關係？想要什麼樣的自己？

從小不斷被灌輸父母觀念與情緒勒索的孩子，對他們來說，擁有自己的想法相當困難。通常，他們在擁有想法和感受的第一時間，就會遭到挫敗或指責，而傾向去做他們可以做到的——壓抑自己的心聲，只為了讓身旁的人快樂。但被情緒勒索的孩子在家中通常不會快樂，也因此他們心中的願望都沒有真正實現過。他經常以為，只要我做多一點、再努力一點，別人就會開心。但事實並非如此。最終，還是要回到自己身上，先幫自己過好，明白自己想要什麼樣的生活，什麼樣的互動，而不是去符合別人的期待，或安撫他人的情緒。

在人際相處中，偶爾會有人讓你覺得，你跟他的互動很舒服自在，在一起時你可以全然做自己，那這樣的互動的經驗是什麼？你能不能將此經驗複製到你的家庭關係裡？所以，回到內心的渴望，你願不願意為自己畫出藍圖？關於你自己、你的家人、你們的互動等。

當我們觀察內在思維，也看見內心的渴望後，下一步驟便是以新思維來面對關係，其中最重要的，是要傳達你希望怎麼被對待，以及你不需要忍受什麼樣的對待。

還有，融合前面提到的觀念，每個人都該為自己的情緒和狀態負責。

你新的思維可以是：「我是一個成年人了，吼叫無法摧毀我。」

「我不必負責讓氣氛變好。」你本來是家裡的開心果時，一定會覺得有責任，讓全家氣氛變好，但新的思維可以幫助我們重新調整步調，不再依循舊有模式前進。

請對舊有的思維設限，透過新思維調整「我是他孩子，理當被他管」以及「他不開心都是我的錯」的思維，為自己找回生命主導權。重點要體現出你的渴望，當你站穩立場、肯定自己的感受，你可以跟父母這樣說：「你一直是我最愛最重視的家人，但我的生活實在不能繞著你們轉，我有工作、有愛人。我希望，你們一直是我最穩固的後盾。你們可以祝福我的人生嗎？可以支持我的決定嗎？因為你們的支持對我而言非常重要。我已經不再是那個小朋友了。我希望你們支持我現在的生活。」

如此，當你分開責任，看清楚自身感受，也為舊思維設限後，就可以進一步取得父母的成全，拿回你的主導權。

當然，除了歸還責任外，我們也該撿起自己的責任，而不是將自己的選擇怪到他人身上。

我有一個五十多歲、結婚十多年的學生，她將近四十歲才結婚，與老公認識不到半年就去登記，登記時甚至寫不出老公的名字。她說，她結婚就為了爭一口氣，在那年代快四十歲又事業有成，是一點都不會被看好的。於是她草率結婚，賣掉事業，下鄉跟老公生活。但十多年來，他們夫婦經常吵架，吵得不外乎是她看不起老公，而老公也討厭她邋遢跟見不得人。她吵完又跑回娘家，朝著老母親咆哮，讓老母親總是把弟弟叫來救援、勸阻。我才發覺，她將自己必須結婚的挫折與憤恨，怪罪到老公跟母親身上，要不是當初母親威脅著要斷絕母女關係，說有這樣的女兒真是丟臉死了，她才不會跟這種人結婚。

我陪著這名學生一起回到四十歲的自己，面對過去。她意識到，當初她並不是被迫結婚，而是找不到方式跟母親溝通，自己也不敵文化和環境對於大齡剩女觀感的壓力。所以，當出現「還可以」的選擇時，便趕緊跳進婚姻的坑，滅了母親與自己心中焦慮的火，卻導致日後的不快樂。

當她願意承認當初的恐懼與焦慮，也承認當初的無奈和無助，接納自己的選擇，並為自己的選擇真正負起責任時，終於可以用平和的眼光看待丈夫。

當你願意對自己的責任負責，就會增加對自己的悅納感，也在完整自我的一部分，完整過往的歷史，讓自我更為強壯。當你對自己負責，也就懂得他人也該為他們自己負責，進而能夠畫出界限，不干涉彼此的界限或狀態。

所以，界限的建立與自我狀態脫離不了關係。你越清楚自己是誰，對自己的存在越感覺安適與自在，也就能清晰感受到身上的情緒和感受必定其來有自，不會批評和否定。

當我們提升與強化自我感，就能夠給出自我安全感；當我們被他人否定與批判時，能為自己守護，而非成為自己的敵人、他人的戰友；當我們擁有安全感，就不會在情緒勒索的環境中尋求扭曲的人際連結、歸屬與被需要的感覺，自然就能擺脫情緒勒索的共構機制了。

說到這裡，我相信還是會有人說，與父母設立界限，那股罪惡感是很強的。我該如何幫自己緩解愧疚感呢？

我往往會提醒大家，「罪惡感」是心理成長的里程碑，代表你正在脫離原有的受控狀態，往屬於你的道路發展。罪惡感是你覺得你做錯事會有的感受，會有這樣的感覺，又是因為你跟父母所期許的不一致使然。

消除罪惡感最快的方式則是，回到父母身邊，做乖巧的孩子。但這並不能真正幫助彼此的關係成長，反而讓勒索持續發生，關係也持續扭曲。因此，你可以做的方式有兩種：(A)自我支持、(B)有意識地選擇。

自我支持就是當你不再順應父母的期待時，心中的罪惡感油然而生，就對自己說：「謝謝你願意挑戰自己，做出與以往不同的選擇，有罪惡感是一定的，讓我好好抱抱你、陪伴你吧！」

接著，在心中擁抱充滿罪惡感的自己，也接納有罪惡感的狀態；父母也會在此階段必須適應關係改變的歷程。當你願意堅持並持續讓父母懂得分清責任，父母適應後，你們就能彼此獨立了。

另一種則是，當你感受到被勒索，你可以有意識地選擇被勒索，告訴自己：「我知道他在勒索我，但我今天願意聽他的話。」即便是這樣的選擇也是可行。最大的差別就在於，我已經有意識了，並不是在沒有選擇與被迫的情況下決定。長出自我掌控感，可以幫助我們增加對自我的強度。你依舊可以暫時不想承受罪惡感與他人批評，想選擇順應和討好，便能不再如過往那樣害怕被斷絕關係。

我們的內心更為茁壯時，有一天就能夠去聽從內心的聲音，做出決定了！

3/2

為什麼最愛的人傷我最深？

在親密關係裡，界限不清楚時，該怎麼辨呢？又有哪些類型的伴侶，是我們需要設立界限的？

這一節中，會有許多你我熟悉的、在日常親密相處上常見的場景，讀者也會學習到建立界限的觀念與技巧，可以在生活上運用。瞭解類型與觀念，才能提高警覺，避免在親密關係中被軟土深掘，越陷越深。

我們都覺得，設限就像要求與限制對方的行為，他要停下某個動作，我才會覺得舒服，但相信經過前面的介紹，讀者對於界限已經略有概念了。設界限的主軸，其實都是在自己身上，也就是說，我們永遠只能控制自己，為自己的行為設限。

心理界限跟我們的早期生活經驗有關，假使我們早期的教養者都能夠尊重我們的情緒與感受，例如，我們在生氣時，他跟你說：「這件事讓你很生氣，我尊重你是生氣的。」這樣的情況讓我們感覺到，我們的情緒是有受到尊重的。而這個情緒被尊重，你相對也能夠尊重別人的情緒。

可是有時我們沒法對別人設界限，**是因為我們否定身上的情緒，也對自身的感覺感到不適。**說穿了，設界限也等同於我們在表達感受、表達需求。在愛情心理學裡，與伴侶的相處往往會呈現我們內心最深層的需求，也會呈現最底層的畏懼。但如果我們不能在親密關係中有良好界限，就容易造成失衡且痛苦的關係，最終導致悲劇的愛情或悽慘的家庭生活，讓關係裡的每一個人都痛不欲生。

愛是需要練習的，太多折磨與委屈，無法展現出恆久忍耐又有恩慈，只有又深又遠的怨恨。

哪些伴侶需要設界限？

我沒有看過哪一對恩愛的夫妻是有強烈地位之差的，健康的關係需要彼此尊重、包容，並且心理地位相當。否則，失衡的位階會導致關係呈現表象的和平，但真實的關係當中，卻流動著恐懼與不滿，最終導致彼此疏離。**有些話不能明說，就難以達到真正的親密。**

想問問大家，對目前的伴侶關係滿意嗎？你們的關係是平衡的位階嗎？的確在關係中有人就是比較會賺錢，但真正的親密感是沒有位階的。當你感受到位階明顯時，千萬要留意，是什麼原因造成你們有位階的現象呢？

如果你在關係裡感到不滿，那是委屈跟傷心的時候多，還是憤怒無力的時間多？當你經常有上述這些情緒反應，來看看下面幾種伴侶類型，可能你是其中一種，也可能你的伴侶是。而你要開始在伴侶關係中，幫自己也協助對方設限。

1. 大寶寶型伴侶

簡單來說，這類型伴侶的生活經常雜亂無章、不負責任又依賴性強。他們往往缺乏主見，事事都依賴你，要你為他負責。比方說，伴侶工作不順心，就衝著你訴苦，不管你想不想聽，而且一定要幫他出主意；或是週末要去吃飯，他會跟你說，沒意見都可以，但選了餐廳之後，卻又說這個不要、那個不好，最後搞得烏煙瘴氣。你問他，為什麼有意見不早說，他總是回答：「我就沒想到啊！」可其實是他們無法為自己的決定負責，習慣別人幫他決定。要是結果不好，他就能理所當然怪到你頭上。伴侶太黏人，要求自己一直陪著，感覺沒有了個人生活。

再來，他們生活秩序經常是雜亂無章，東西丟得亂七八糟。你就像個老媽子一直在他背後撿東西，他可能被你伺候得很好，也將之視為理所當然：「反正我的另一半就像老媽子，會幫我撿東西、煮好東西、整理好東西。」所以，他不需要負任何生活秩序的責任，把東西丟得到處都是。但身為伴侶的你會有什麼感受？

起初你會感覺自己對他很重要，但久而久之，便會產生厭倦與厭惡的感覺。這時，你要去思考，為什麼我會有這種感覺？是我太自私、太計較嗎？

也許，你經常跟對方說：「你可不可以不要亂丟衣服？」另一半就回：「你幹嘛這麼斤斤計較啊？不過就丟個衣服而已啊！」

你可能就會因此落入小時候的某種情境裡頭，就是當你在抱怨某一件事，但大人們都拒絕、否定你。你表達需求時，你所吸引來的另一半就如當時的大人，直接否定你的需求，認為你不該抱怨。

如果這是你時常發生的相處情境，你需要告訴自己，你也一起維持了這種互動模式，你要為這個互動模式負責。假設你每次的伴侶都是這種類型，那你可能不只是否定自己的需求而已，其實某種程度上還很享受為別人決定的快感，也很喜歡被黏著、被需要的認可感。

總結來說，大寶寶類型有這三項特徵：雜亂無章、不負責又依賴性強。當你感覺他準備要推卸責任，得先為自己總是急著幫忙的衝動按下暫停鍵，深呼吸，問問自己，現階段可以給出什麼？然後剩下的便放手由他自己承擔。

你可能會說：「不行啊！我受不了他亂七八糟！」好，那就給他亂七八糟的空間，在那個空間和區域都不干涉他，絕對絕對不要干涉。剩下的共同空間，就要求他負起責任，共同維持，否則他就失去跟你一起生活的機會。

到這裡，我想你們更能體會，**為伴侶設界限就是先設好自己的界限。**

2. 把對方當提款機型的伴侶

這類伴侶會有點天真浪漫，不一定能腳踏實地生活。有個故事是，先生很疼愛太太，也總是盡可能取悅她，給了她副卡讓妻子可以買自己想要的東西，但由於沒有限制，太太時常把卡刷爆。後來，為了滿足太太的需求，先生甚至兼了兩份工作。

當問到先生為什麼不限制太太時，他的回答是因為他很愛妻子。但真正深層的原因，是先生捨不得太太沒有滿足到需求而感到失落。

這位太太小時候家裡環境清苦，生活物資匱乏，長大後也立志找個長期飯票，讓自己下半輩子不必愁煩。而找到了這個長期飯票丈夫，也真的是相當寵愛她，也不用讓她為金錢煩心，讓妻子一直在婚姻裡當個還沒長大的小公主。

然而，因寵愛養出對金錢沒有概念、對欲望沒有限制的另一半，只會造就其中一方財務上負擔越來越大。巨大的經濟壓力，勢必會擠壓到先生愛人的能力。終有一天，這對伴侶要承受入不敷出的慘痛代價，親密關係也進而破裂。

如果這是你常發生的相處情境，那你要開始為自己的不忍心和心軟設限，把關注力著眼於長期的伴侶關係，而不僅是專注在伴侶當下的感受，限制伴侶開銷的自由度，提高伴侶對財務的敏銳度。所以，向伴侶開誠布公地說明財務狀況是必要的，讓伴侶共同參與找出解決的方式，從無限制的額度到有限制的額度，伴侶要在過程中找回自制力，也為自己的欲望清單排序。

要是你覺得開誠布公，另一半肯定瞧不起你，喜歡他的有錢人多的是，自己還拿什麼留住他？當你以這種想法認定你們之間的關係，那表示顯然你看不清楚你在關係中的價值，只用金錢來換一個人的身體存在，沒有體驗到真正心靈交流的親密。

此時，你就要為自己的憂慮設限了，讓自己真誠地面對關係的問題，才是最睿智的作法。要不然，最終你將人財兩失。

我想你可以看見，伴侶關係也與內在對自己的價值相關。當你越真實地面對問題，關係就有機會變得更親密也更為平衡。

3. 會施以精神或肢體上暴力的伴侶

前兩種情況都是伴侶過度依賴，還有一種類型的伴侶是很喜歡控制對方。控制欲展現的初期徵狀是掌握你的各種訊息，甚至安排你的生活，例如經常窺視你的訊息，奪命連環 CALL 來查勤。當這種情況沒有設限，關係持續進展下去，就容易在你不遵循他的「規定」時，發生言語上的攻擊，甚至肢體暴力。他會表現得好像你是他的附屬品，但事實上是他害怕失去對方，所以必須掌控一切。

伴侶缺乏安全感，不斷查勤與偷窺，已經侵犯個人界限。雖然很多人會認為，伴侶之間不該有隱瞞，但更精確來說，是伴侶之間要真實，而非毫無底線地查閱或窺探，以及掌握每一刻的行蹤，因為失去自由的親密關係會讓人窒息。

即使伴侶會跟你抗議：「你不讓我看就是心裡有鬼！」但在此時，你該與對方討論的，是你可以怎麼做讓他在關係裡感覺安全，而這份安全感並非滿足他窺探與控制的欲望。

在這裡設限的方式是：「我很在乎你，也知道你很想知道我的一切，但這樣查勤跟窺探讓我覺得不舒服。我覺得自己不被尊重，也不被你信任。我希望你可以尊重我的隱私。我們可以怎麼做，讓你增加對我的信任，也讓你有安全感呢？」

重點不是「看或不看」，是彼此的信任與安全感，還有尊重與自由。但當自由不被允許，也沒有適時設限，關係會越加扭曲，成了完全占有的愛情。控制狂的伴侶轉變為恐怖情人，在食髓知味後一旦被拒絕或不順從，就會越來越失控。

倘若關係裡出現暴力，就一定要設限，沒有任何藉口。我遇到很多遭到伴侶暴力的人，他們最常說的話就是：「他只是情緒失控而已，平時對我很好。」或說：「也不能怪他，都是我沒有準時，他才會暴怒，拿東西砸我。」

當關係存在暴力，就會損害你在關係中的付出，以及你的身心安全和平衡，你必須時時顧忌他下一次什麼時候發作，也要擔心會不會說錯話或做錯事，然後要遭受什麼樣的處罰。當親密關係中有這麼多顧忌，伴君如伴虎，就無法有真實的情感交流，充其量只有激烈的性愛不斷在暴力之後發生。

曾經有個案例，女生因為男生沒有準時打電話，一氣之下便拍攝傷害自己的影片，並要求男生拍一樣的影片，威脅男生如果沒照做，男生的家人就會有生命危險。男方在害怕與無奈之下，只能接受威脅，但事後女生也非常後悔。這樣的循環，在暴力的伴侶關係中層出不窮，先是威脅恐嚇，對方受傷後，接著痛哭後悔且不斷求饒，又回歸甜蜜，開始對對方非常好，但當對方身心上的傷痕漸漸淡去，施暴的那方愧疚感降低後，就會進入下一次的暴力循環中。

這樣形式的相處涉及身體傷害的暴力，與人身安全的威脅，大家都很有概念。但精神暴力卻容易被忽略，有些伴侶因害怕對方離自己而去，便會強烈貶損伴侶的價值，讓伴侶只能留在自己身邊。他通常會說：「你也不想想你現在這種身材，也只有我會跟你在一起了！」或者「像你這種資質，除了我也不會有人要你」等以言語人身攻擊，傷害另一半的尊嚴與價值。

而這類行為上與言語上的暴力，是絕對絕對要設限的。你必須停止為對方找藉口，也停止責難自己，直視暴力對關係的傷害。要注意到，在暴力關係中比較特別的是，你需要確保有人可以保護你，陪同你與對方談判。通常，在暴力關係中越久，個人獨立判斷力下降，自我價值也少得可憐，很容易因為對方說什麼馬上就動搖了。所以特別需要有個穩定又安全的陪伴者一同採取設限，也確保設限後有個安全的居所能暫時棲身。

此外，千萬不要用自己的力量去承接和安撫對方的情緒，施暴的伴侶通常需要專業的幫助。他們在情緒控管上已經出現障礙，因此最適合的設限語言則是：「我很在乎你，但我不能接受你這樣對待我，也無法過著總是害怕你會爆炸的日子。讓我們一起去尋求協助好嗎？我害怕，再這樣我會走不下去。」

對方當然會抗拒會拒絕，你則需要說：「如果你不覺得有問題，我還是無法待在讓我害怕又受傷的關係裡。你若不接受幫助，那我會選擇離開，不再跟你生活。

等到你情緒好轉，我們再談。」

當你經常遇到這種會用各種形式控制和虐待你的伴侶，請千萬要小心。你習慣對他人的情緒負責，也就是看到別人不開心會習慣討好，也可能是你對你的生活無法負責，習慣別人操控你，賦予伴侶控管你的責任和權力，讓自己處在弱勢與被控管的一方。

有時候你會很為難，必須在自己的身心安全，甚至性命安全與親密關係之間痛苦地抉擇，害怕推開對方後可能會上社會新聞。

台灣在家庭暴力上已有明確立法，甚至非婚姻關係的情侶關係，也有恐怖情人條款可以申請保護令，來確保自己的人身安全。

聽到這裡，我還是需要再次強調，暴力一定要設限，不要用隻身的力量承接或順從暴力行為。若不對暴力設限，等同接納暴力行為。再者，關係中的痛苦與殘暴也只會變本加厲，不會減少。

4. 大男人或大女人類型

這種類型的伴侶在親密關係一開始時，很有魅力。他們充滿主見也很有主導性，尤其是男性，特別會散發出極大的吸引力，讓人想要聽從他的話，但相處久了，你會發現這份魅力背後已經出現尊卑與不對等的情況。

在關係中地位較高的人，會習慣干涉對方的決定，要求對方順從聽令，例如要出門時，先生說了句：「我不喜歡這件洋裝，換掉！」太太因為不想觸怒對方，就摸摸鼻子去換裝。

這裡的設限是，如何讓自己保有在關係中的自在與自主性。你能這樣說：「我知道你很在乎我的打扮。但這件洋裝我很喜歡也很自在，希望你能欣賞我的決定。」有時候尊重與欣賞需要邀請對方練習給予，並非每個人都瞭解。

我成長自父親權力較大的家庭環境。父親是典型的大男人，一家之主，是家中發號施令者；母親則是以和為貴的傳統小女人。典型的大男人會認為，男主外女主內，女人就應該打理家中的一切，所以從小就會看到母親擔負許多家務事。

我印象很深刻，在我小時候，某次父親情緒很不好，看見有一條毛巾掉在全家人都會使用的那間浴室，掉了好幾天，卻沒有人去把它撿起來。因為媽媽都會做，而小孩子也不會特別覺得那是我們的事。現在想起來有些罪惡感。偏偏那陣子父母的關係比較緊張，父親便對母親咆哮道：「為什麼那條毛巾掉在那裡？掉了那麼多天了，為什麼你都不會撿起來？」

看到了嗎？控制、主導、尊卑與不對等在關係裡展露無遺。我完全不知道，為什麼這件小事足以讓父親這麼憤怒。可我那時心想：「慘了！其實我也有看到，但沒有把他撿起來，結果這樣媽媽就被罵了……」

那陣子，外婆也住在我家。也許是因為岳母在家，使得父親壓力很大。但母親當下回了他一句話：「這麼多天，你也有看到啊！為什麼你不會撿起來？」

我從來就沒見過母親這麼直接跟父親衝突過，她一直都是溫順的，頂多碎碎唸或抱個怨，向來沒有這麼火爆過。

當然，父親的反應就是非常抓狂。當大男人被小女人頂嘴，原本的依順與和諧不復存在，關係充滿了張力與失控，便會逼使大男人或大女人類型者更加暴怒，更想要施壓、控制。

長期的關係不對等，必定有一方是所謂的既得利益者，一方為受控壓抑者。而那次衝突就顯示出，父母長期和諧表象下的翻騰，一次劇烈地爆發。但是這種形式的伴侶關係通常又很協調，起初要設限往往困難重重。

簡單來說，關係中的大男人與大女人是被寵出來的。你允許他一次次發號施令，一次次指責你沒承擔好家務，但那同時也是屬於全家人的家務。

然而，這裡有另一層次的關係設限困難在於，雙方都有非常僵化固著的家務職責觀點，也在角色上是定型的，可能是我就是該聽話，他就是該下命令，導致彼此很難變通或調整。但是，在關係中的委屈和難受，依舊是關係需要設限的指標。

所以，當你要對大男人或大女人設限時，就像我剛才說到父母相處的事件，你需要明確地瞭解，很多事情並不是某一方說了算，而是兩方都該有平等的權利和義務去決定、執行。

當另一半經常指使你做家務時，你需要為此設限。你可以這樣說：「這是我們的家，也是我們共同的責任。當你只要求我做事，卻沒有分擔任何責任時，我覺得很受傷。我希望，我們可以討論如何分配職責。」

將眼光回到平等的權利和義務上，而不是對方的情緒上，才會經營出平衡與平等的關係。

上述這四種需要設限的伴侶，你們會發現，絕對跟你們自身狀態、習慣與思想脫不了干係。在情感上，我們都有許多迷思，甚至承襲自原生家庭的性別角色或自尊狀態。但無論如何，當我們已經長大，在親密關係裡就需要重新看見自己與關係的狀態，不讓失衡的情感持續，甚至蔓延到下一代身上。

以下，三個在情感中的共通觀點和技巧，教給大家：

一、準備好自己，盤點與連結關係

設限之前，以下三點可以先幫自己準備好——

A. 盤點人際關係

關係的形態有很多種，跟自己的關係、跟伴侶的關係、跟朋友同事的關係、跟家庭的關係，或者跟神的關係。但有些人只有一層關係，沒有跟自己的關係。當你只有伴侶的關係時，就習慣透過伴侶獲得愛、關懷與認可，因此投注大量時間而忽略其他關係——伴侶對你好就世界和平，對你不好就世界末日，要是伴侶離開更如太陽系毀滅。像這種情況就更無法設立界限。

我要提醒大家，「以另一半為天」是很多人在關係中的姿態，但所有關係好壞與否的源頭絕對脫離不了你跟自己的關係。這就是為什麼我們要將眼光重新回到自己身上，檢視你跟自己的關係好不好？

你可以問問自己：「我向伴侶提出需求後，我能否心安理得？」有時候當你想設限說：「我希望你不要再這樣對我說話，我很受傷。」若你講出這句話卻感到非常羞愧，請問問自我，為什麼為自己著想是不對的呢？

B. 強化自我關係

你會發現設立界限之前，會有許多一連串對自己的詢問：我到底需要什麼？我到底期待什麼樣的關係？我在關係中有什麼感受？我能不能讓自己在關係中享受？能不能擁有快樂的關係？問問自己，你是一直對自己說不呢？還是一直嘲笑自己？

很多人有很強大的負面信念，認為「我沒有可能」、「我沒有能力」或「我沒有資格」，一直賞自己巴掌，**結果真正讓自己不幸福的，都是自己的信念和選擇。**因此，設限最大的障礙，往往是自己與自己不夠穩固的關係。當你可以對自己說「我有可能」、「我有能力」、「我有資格」擁有快樂平衡的關係，就會為自己起身行動，而不是哀怨地待在原地，等待對方改變。

C. 連結外在資源

當你準備好要改變，為親密關係設立界限，會需要其他關係的支持。

設立界限是很脆弱的，因為它在表達你的感受和需求，當你說：「你這麼做我很受傷，覺得我沒有被尊重。」

其實，在親密關係裡，要將「我很受傷」這句話講出口非常難，因為那在表達你的脆弱。人在脆弱時會感到害怕，會擔心對方從此拿這個理由攻擊你，所以很多人寧願眼瞎耳聾裝沒事。但他是你想要相處一輩子的人，你不可能沒感覺。所以，你可以幫自己承認脆弱感，開始尋求支持。

若你有宗教信仰，可以請求神或宇宙給你支持；或者在人際上，尋求好友們與你操盤演練，讓他們給你支持；在你家人身上，請求他們給你支持，而不是告訴你「一家人就是忍一忍就過去」。當你感受到身旁的愛和支持，就能強化行動也更鞏固內在，讓你在設限時更有力量。

準備好自己的三件事情，要從身邊的關係著手，以及跟自己的關係開始。只要我們身上的網絡是密切與堅固的，就能擁有後盾讓自己過更好的生活。

二、以關係為前提，找回對關係的尊重與共識

之所以要設限，是因為身為人的有限性——時間有限、情緒有限、精力有限。但我們卻常常看不到這些有限，它們會拉垮你也拖垮關係。

提到前面的提款機例子，由於金錢物質是有形的，設限就相對清楚容易，你要告訴另一半說：「我真的很愛你，也很疼惜你，也非常非常願意在我有能力時，盡可能提供給你。但我們現在遇到財務危機了，我需要你的幫忙，也需要你一起共同面對這個困境。」

關係裡的困境不該由當中一個人獨自面對，這樣多孤單啊！到時候真的受不了，拋棄另一半才是更糟糕的情境。所以，這就是「以關係為前提」的概念。

另外，在大男人的例子中，老公使喚妻子：「等一下五點前幫我還車，知道嗎？你趕快去，不要害我被罰錢了！」

以關係為前提出發的回答是：「老公我很愛你，可是我希望你不要再用這樣的語氣對我說話，這樣讓我覺得不受尊重。我希望你下次至少提早告訴我，並且詢問

我：『你今天下午有沒有空？』讓我們都能感覺到被尊重，好嗎？」

多數先是設限困難，再來是說明需求困難，接著就是達成共識的困難了。我們常常會忘記，最終要達成關係中的共識。那句「並且詢問我，我有沒有空」就是最後要形成的共識。因為之前都只是吵吵吵，「你為什麼要這樣對我說話？你都不尊重我」前面吵完了，卻忽略後面要有所共識，找回平衡。有時只是想在吵架中爭一口氣，但這樣並沒有幫助到關係。

這裡要畫重點了，以關係為前提的出發，句型並不是「我希望你怎麼樣怎麼樣……」，而是「我希望你怎麼幫忙『我們的關係』」。在「我們的關係」上頭強調，並且一起為關係找到可以長久達成共識的相處方式。

三、設立界限，是限制自己，而非限制他人

前面大寶寶的例子中，假設他現在就是會亂丟衣服，你就要跟他講：「我希望你可以為了我們共同的居住品質，收好你的衣服。假設你覺得有困難，那我們是不

是把我們的東西都分開來，你的物品就放在你個人的空間。而在那個空間我不會干涉你。但在公用空間裡，就要共同維護。如果你還是在公用空間亂丟，我那天也不會煮飯。」

有時，我們需要找到對方的痛點，有的人痛點是飲食，有的人則是自己的生活作息。而當我們設限後，就需要為自己確實執行，並且堅守自己說的話。

「如果你沒有做這件事，那我就不煮飯」像這樣子的設限，有著大寶寶心態的另一半，一定會繼續試圖突破你的底線，讓你受不了，逼迫你放棄，或者他會反過來說你不負責任之類。因此，你必須貫徹到底。當他又亂丟東西，你不能去撿，就讓它亂。而你會覺得，這完全在挑戰你的極限。那要怎麼辦？請思考看看，除了不煮飯，還可以怎麼做讓自己舒服些？是不是真的要離開幾天，讓他知道伴侶不在有多麼可怕？

我們必須透過堅持與執行，來增加我們的話語以及在關係中的分量。我們限制自己待在這段關係中，也限制自己像往常一樣對關係付出，對方才有可能真正學會為這段關係著想和付出。

當然，在堅持後也要懂得知足。設立界限有時都是我們忍無可忍了，要很小心自己的態度，當另一半東西稍微整齊一點，有時候你還是看到他哪裡衣服沒摺好，就說：「你這裡還是沒摺好啊，不是跟你講過很多次了嗎？」他已經摺了，但你又開始挑剔、不滿。這時，我們要提醒自己知足，正向強化他已經在改變的行為，這是非常非常重要的，所以最好不要在我們怨念太深時才開始設立界限。否則，他好不容易已經做了一件事，又被你的指責打回原形。

設限是限制我們在關係中的付出與投入，並不是控制和逼迫對方改變。當我們觀念和方向錯誤，便無法達到我們真正要的結果。

3/3

剪不斷、理還亂的三角關係怎麼解套？

在自然界中，三角形是最穩定最堅固的結構，但在人際關係裡卻並非如此，往往是兩個人的關係最密切，但不管何種關係，一旦有了第三個人加入，就會變得微妙。譬如，閨密若是兩人會很親暱，可閨密三人行時，便會顧忌盡量不兩個人單獨在一起，這個現象很有意思。

而很多夫妻原本感情很好，但一旦有了孩子，就不得不重新調整相處的模式。其實，孩子就是夫妻關係中的第三者，但孩子說到底是兩個人愛情的結晶。除此之外，還有一些「第三者」會對夫妻關係或情侶關係造成很嚴重的威脅，但這個第三者未必就是所謂的「小三」。

進入婚姻中，最常見也最讓人頭疼的，就是婆媳問題了。其實，婆媳問題也是一種「小三現象」。

前陣子我跟一位媒人聊天，他告訴我在華人市場的媒合專業裡，不可能忽略掉「家庭契合」這選項。他們會讓女生評估「有沒有辦法忍受男方的母親」，因為要是一輩子要愁煩婆媳問題，倒不如在初期就先搞清楚。

我說：「這樣太容易聚焦成女人的戰爭了，如果回到『心理界限』上，其實就是男方與母親的情緒界限要清楚，並且可以開始保護自己的夫妻關係，而不是一直處在先生、太太、婆婆的恐怖三角關係中。」

在婆媳問題上，一共有三個現象：

1. 消失的父親與孤單的母親；

2. 媳婦入侵母子共生結構；

3. 兒子沒有長出獨立性。

現在，就讓我們一起來看看這三個現象的具體呈現。

消失的父親與孤單的母親

有太多母親，在婚姻生活中的孤單，讓她們成為過度檢核、要求完美的母親，這是因為她們只有「母親」這個角色可以掌控，也希望透過扮演好母親的角色，來融入姻親家庭，或取得丈夫的愛與關注。

有時，母親的孤單是物理上的孤單。先生遠在他鄉工作，實在情非得已。但更多的時候，是心理上的孤單，也就是先生沒有參與家務，太太也不認為先生需要參與。或者，於習以為常的文化下，已經造就了照顧孩子是母親的責任，而逐漸邊緣化丈夫的存在。

又或者，另一種孤單是，意見分歧的兩造無法在教養上找到共識，一個喜歡讓孩子自由發展，另一個是希望對孩子多加約束控管，導致孩子成為兩個大人的戰場。太太看見先生跟孩子衝突時，冷眼旁觀或煽風點火；先生看見太太跟孩子起衝突，卻在旁斥責太太：「不是早跟你說過了?!」

孩子成為戰場的同時，呈現了夫妻各自的狀態，一方是孤單的太太，另一方則為不被支持的先生。父母在情感上失去連結，若摻雜了婆媳相處的困擾，母親在家中沒有支持，只能將更多情感投注在孩子身上。

孩子本身除了成為戰場之外，還需要當母親在婆媳戰爭裡的戰友，時時救援母親，或聽母親發牢騷，造成孩子身上有多個角色——父母角力的戰利品、婆媳戰爭下的戰友，婚姻關係的小三等。

由於母親的關注與寂寞，導致無處可逃的孩子需要承接母親的怨懟、悲傷，也讓父親失去支持母親情緒的功能，成為了所謂的「情緒配偶」。

可想而知，當這孩子長大準備成家，腦子裡承載了多少母親的思想和情感的牽絆。假使孩子的思想與情緒不屬於自己，對母親特別容易缺乏界限。而母親也不會允許孩子有自己的界限，因為界限的存在，意味著無法再控制關係或這個人。

其實，**每個孩子生來都會渴望保護自己的父母**，即使年幼時是父母保護孩子，但當孩子意識到母親身上的痛苦與孤單，就會奮力保護母親，為了母親跟家族戰鬥，或與父親爭執，或者下意識地為了母親的感受，跟與母親敵對的人疏離。但這份保護與忠誠，卻同時是失去界限的行為，母親的拉攏，讓孩子入侵夫妻次系統的界限，或把孩子視為拯救者以協調夫妻關係，讓夫妻雙方分享難以真正的親密。

有人在回顧自己人生時，經常感覺到與父親脫節，甚至更多的人是在對抗父親，或與父親唱反調。因此，當孩子的角色再繼續發展，就成為母親心中的孝子，或成為母親手把手呵護的「媽寶男」。這些角色讓母親充滿控制感，也完整體現失歡的夫妻關係，更理所當然地繼承母親的婆媳問題，到孩子自己的小家庭裡。

媳婦入侵母子共生結構

對於這個標題，讀者可能會很困惑。這意思是指，在心理現象上，媳婦儼然成了丈夫與婆婆母子之間的小三，她破壞了先生原生家庭的親子次系統的結構，所以很容易被婆婆視為眼中釘，不論媳婦怎麼做都無法讓婆婆滿意。

古人有言：「媳婦熬成婆」。孤單的太太，無法融入先生與婆婆緊密的親子關係裡，在孤單之餘只能抓住兒子（假如很「幸運地」生了兒子。要是生女兒，大概會哀怨一輩子……），好不容易兒子長大了，娶了一個自己認可的媳婦，接著將所有過去二、三十年的委屈，一股腦兒地投射在媳婦身上。或者，驚覺到有個女人要來搶走自己的小老公——是的，很多婆婆覺得兒子是代理老公（兒子），更加不可自拔地欺負這個女人（媳婦）。

很多事情的運作往往是下意識的，即便婆婆知道媳婦是兒子的太太，將來他們會擁有自己的孩子，但因為在家族中一下子抬升上來的心理地位，使得婆婆開始挑三揀四，或者要求媳婦完全照自己的意識行事，就如同兒子總是依順著母親那樣。

因此，當媳婦困惑為什麼婆婆總是看自己不順眼，在懷疑和摧毀自己的自我價值之前，請先看清楚他們的家庭系統是怎麼運作的，是否總是有個心理缺席，甚或物理缺席的公公（就是心不在，甚至人不在），而變得看似強勢的婆婆，心底有著無盡的哀怨與孤單。

媳婦們，讓我們回到關係界限上，與其再次創造下一個屬於你的母子共生系統，不如回到你與先生的關係上，建立夫妻關係的界限，思考與審視你如何鞏固與先生的相處，取得彼此的共識和支持，體會丈夫與婆婆的關係相處模式，對於黏膩失去界限的關係，最必要的作法便是分化的過程，也就是分開你我個體、辨識你我需求，而不是總將他們歸類為一群。

什麼意思呢？你會不會有時候跟先生處不好，就罵了一句：「你就跟你媽一樣……」不斷把先生跟婆婆畫分為同一個無法分離的個體，就會更加強化他們母子的一致性與黏著度。

當媳婦感受到自己的孤單，憤怒地將先生推向婆婆時，除了會降低自己在先生心中的分量和地位，更會讓自己在家中被醜化，甚至孤立無援。這原因在於，媽寶與孝子經常會神化或美化母親，也習慣扮演母親的拯救者。

但當妻子默默隱忍，甚至要求自己當一個完美媳婦，也只會將自己淪為女傭，在家中被奴役且孤立無援。

所以，建立界限的方式，是要著眼於「夫妻關係」上，究竟與婆婆的相處如何「影響」到夫妻關係。在相處上，你需要取得什麼樣的資源，當你缺乏這些資源，又會如何影響自己繼續在夫妻關係的付出，以此面向來邀請先生共同為關係努力。

在關係界限建立的困難面，先生的意識狀態需要被理解與被提升，他的思想是家族中代代相傳婆媳問題的產物，也是根治婆媳困擾有效的解藥。

兒子沒有長出獨立性

孩子從小就依順母親，或者有意識以來就知道，母親對自己「好」，在情緒上經常會與母親糾結在一起，覺得「母親總是為了我」，不能讓媽媽不開心。在過去，這樣的兒子會被稱為孝子；而現代則是媽寶，受制於母親的感受和意識，難以成為「自己」。

有趣的是，媽寶要是男人，相對容易娶到太太。因為在華人文化裡，男人跟父母住，把心思放在父母身上是理所當然；可媽寶要是女人，就很難嫁出去，因為這不符合文化裡的媳婦形象。在我們的文化，婚嫁後，往往期待女人將重心放在婆家，導致許多與原生家庭情緒糾結的女人無法出嫁，甚至沒有心力擁有另一半。

以為受了高等教育就會變得成熟，但我們被訓練的邏輯和理性，一遇到情緒糾結照樣停擺。所謂「獨立」，其實是情緒和經濟獨立。也許媽寶有辦法經濟獨立，卻無法情緒獨立，獨立於父母的情緒感受之外，並且不需要再為家人的情緒負責。

簡單說，當小倆口想要有獨處的週末時，母親一通電話就要兒子回家，身為人夫能否拒絕？還是覺得不回去就是背叛母親？因為母親會難過、孤單，光想到這些就覺得自己很冷血？這就是「情緒糾結」。

在糾結中恐懼做自己真正渴望做的事，不僅無法成為「自己」，更無法勝任「人夫」的角色，認為自己只要做好「兒子」即可。

媽寶老公們，這些問題要請你們好好深思：

A. 你是否想要終止婆媳戰爭？

面對兩個心愛的女人爭執，通常會令人感到無力且想要逃避，但丈夫終究要面對的是，小時候的自己是父母的戰場，而長大的自己也是兩個女人的戰場，這些環繞在自己生命的戰爭，要靠誰來止息？究竟要有多少爭奪戰，你才願意走出自己的人生？

B. 你是否想要跟心愛的女人擁有幸福？

究竟是為什麼要結婚呢？還記得自己結婚的初衷嗎？當心愛的母親不幸福，孩子也不可能幸福，因為他不敢幸福。如果你無法讓伴侶幸福，那是因為母親不幸福的臉孔讓你也不敢幸福嗎？是否應該全心愛著母親，忽略妻子，才是對母親的忠誠，才是與母親一起不幸福的表徵？

那麼，請再問你自己一句：「如果家的存在是要延續香火，那你想要延續的是什麼？是幸福，還是不幸？是愛，還是痛苦？」

在此，我先用問題讓讀者思考，因為最重要的，是要意識到自己的獨立性，必須不斷思考與辯證，跳脫出原本都是以母親為主的思考脈絡，一直提醒與正視自己的感受，才有機會終結婆媳問題。

所以，先生如何調整自己，建立界限，可以從以下幾個面向開始：

1. 調整對待父母的理念，並學會獨立和母親做心理上的分離

真正回報父母的愛，是將父母的愛與滋養傳承下去，而不是回過頭照顧他們的感受，犧牲自己的家庭。兒孫家庭的破碎會繼續綿延不絕，傳承下去，只因為一代代間都不停干涉彼此生活，阻礙彼此親近，那家也不是家了。

請先生開始為自己與母親建立界限，保護你的情緒、你的自由。一開始會產生很多愧疚與罪惡的感受，例如，母親因為孤單而經常喊身體疼，帶她去看病，醫生卻說沒事。你覺得生活被牽制，也覺得不斷來回奔走很疲憊時，就要為你的感受設界限，與母親來場真心對談：

「媽，我知道身體疼讓你很不舒服，你想要我陪你去看醫生。但我真的忙不過來，我還有家庭跟工作。下次，就需要找鐘點工來幫忙了。等我時間比較寬裕，就會過來。」

在對話中，重要的是能夠傳達對母親的理解，雖然華人不懂情感表達，卻也不習慣直接指名情緒，那麼就從你觀察到的「陪伴」需求著手，同時看到自己的情緒和需求，表達出來。接著，意識到自己的極限，如果是一個月最多一次或兩次的陪伴，是你可以給出的，那你也可以在對話中說出你可以陪伴的頻率。

寂寞是難以說出口的疼痛，當你越來越能設界限與表達需求，進階版的話語是：

「媽，我可以體會你現在生活很孤單、寂寞，很希望我們能多花時間陪你。我們也很努力了，但有時真是無能為力，你這些感覺或需求，要不跟爸聊聊？」

真正幫助到母親的情緒，一個是幫母親成長，另一個則是父親的支持了。所以，你需要意識到，當你將父親該給予的功能扮演得太好時，你已經取代了父親，也讓母親永遠得不到她真正渴望的快樂，而會是無止境地讓自己待在母親身邊，成為兩個受苦又相互依賴，情感上卻各自孤單的個體。

2. 承擔起丈夫的角色，支持妻子，學會保護自己的家庭，和妻子真誠溝通，處理好夫妻關係，在母親面前守護界限

進入婚姻與家庭後，就需要承擔起角色的責任。在家庭治療中的名言，給孩子最好的禮物是「父親好好愛母親」。這句話意味著，缺席的父親是多數家庭失和的根源。保護自己家庭界限的方式，就是正視家庭的需求，包括團聚時間、情緒支持等。例如：你看到太太被母親刁難時，要保護太太的情緒。初期作法需要介入，將

母親拉開，緩和地問：「媽，她哪裡讓你不開心啦？」先關心母親的情緒。

媽媽可能會長篇大論地抱怨，但先生可以說：「我知道你不開心，而她是我好太太啊！你對她不開心，她不開心，我也不開心了，以後你不滿意的事直接跟我說就好。」接著，保護太太，把母親的情緒接過去，不是讓太太獨自消化。畢竟，母親的不滿一直都是假議題。

多數母親的刁難，是要兒媳照著她的意思做，因此要畫分物理界限來幫助設立心理界限，像是：在父母家時，做母親要的那套；在自己家時，母親不要干涉，因為太太才是女主人。

因此，先生們，你需要認清自己的角色，避免當鬱悶的孝子、咆哮的先生、缺席的爸爸。你不再是母親的延伸，你是獨立的個體，也是另一個家庭重要的支柱；你不再是母親的守護者，這向來是父親的工作，而是另一個家庭的保護者。唯有界限的設立，責任的分野清晰，才能讓你同時可以保護兩個家，不會在情緒混淆與界限混亂之中，失去你愛的人。

3. 處理好父子關係

我們身上都有著對父母的忠誠，當我們依賴母親，或成為母親的依賴者時，靠近父親或者聽父親的話，會痛苦地體驗到忠誠感撕裂，同時倍感矛盾，有著斥責自己不孝的罪惡感，無所適從。

既然，在家庭中「夫妻關係」是重要的，先生也要幫忙自己修復與父親之間的關係，來強化爸媽的夫妻關係。當你帶著母親的憤怒與不滿看待父親，就看不見父親在家庭中的努力和無奈。一旦放開對父親的情緒，你才有力量去鼓勵和支持父親真正當起「丈夫」的角色，以承擔母親的情緒與情感需求。

因此，初期你要時時刻刻提醒自己，正視對父親的感受，你可以對自己說：「我是媽媽的兒子，也是爸爸的兒子」。若對母親情緒連結太深，會拒絕當父親的兒子，與他敵對。當你逐漸與母親的情緒分開，才有辦法用中性的眼光看待父親與他的種種作為，而不是用與母親一樣怨懟的眼光看他。

退出情緒干擾是很重要的功課，當你願意中性看待，才能看見父親在家中的付出與為難，也才能再次相信父親有能力、有可能當好一個丈夫。

接著，你可以跟太太共同商討，如何增加父母獨處的機會。關於這部分後面有舉些範例。

先生其實是可以停下兩邊戰局，為關係畫出界限，成為一個獨立的人，也成為自己家庭裡的主人，將自己的思想、情緒和需求與母親的區隔出來，深刻體認到身上角色的多重性，並重新畫分比重，你和你的家庭，才不會是婆媳之戰的犧牲品。

希望從界限和家庭系統的角度，可以讓讀者更清楚所謂「家家有本難唸的經」，裡面往往是糾結難纏的情緒，還有混淆的責任歸屬。願你們都可以從三角關係中解套，擁有成熟與平衡的家庭關係。

二大面向著手解決婆媳問題

婆媳問題是家庭的次系統界限出了問題。婆媳問題沒有解決，便會影響夫妻系統，所有在家庭中的次系統也會跟著出狀況。首當其衝的，就會是孩子，他們會透過一連串的問題行為，彰顯夫妻間的衝突和張力。所以，上一代的夫妻問題，導致現下的婆媳問題，也會再創造下一代的婆媳問題。

家庭各個次系統是需要被保護與設立界限的，真正擺脫婆媳問題，可以從以下二大面向著手：

一、強化公公婆婆的夫妻系統

一旦婆婆的情感需求被滿足，伸手向下一代索取或尋求的關注就會降低。

我經常聽到的案例是，婆婆在生病後，公公開始煮飯、悉心照料，讓婆婆很感動，對下一代的介入就少了許多。而管事的婆婆與沒事的公公，反倒讓家庭充滿壓力，所有人被婆婆追著跑。當媳婦看見家中的相處模式，可以用三種態度來執行：

Ⓐ 讓公公做事：提高公公在家族裡的能見度。最重要的是，原本習慣對口婆婆

的事，轉向與公公討論。若公公想逃避，或想將責任塞往婆婆身上，例如，討論家族聚餐等事宜，可以對公公說：「爸，你的想法也很重要，我們想聽聽你怎麼說。」

男人在家族裡「消失」，特別是退休後失去經濟影響力時，也容易失去聲音。因此，子女的重視有助抬升父親心理重要度，增加公公連結強勢婆婆的意願。

Ⓑ讓婆婆鬆懈：當媽久了，就會覺得很多事非自己來不可，而過度干涉和緊繃。媳婦在感覺被干涉時，請別立即轉換成戰鬥模式，反過來關心婆婆的辛勞，為其安排舒壓或瑜伽等課程，同理婆婆對家人的付出，也請她對家人放心，孩子們都會好好的。

太能幹的母親，就易有令人操煩的孩子。讓能幹的母親卸下母親的任務，好好享受當個女人，又不覺得自己被完全取代，成為無能的母親，是媳婦需謹慎拿捏的。

請記得，婆婆很容易嗅到自己被排除在外的感受。當意見相左時，你的回應可以是：「媽，謝謝你的想法跟幫忙，你真的很用心。我跟老公討論了，還是決定要用另一種方法。但之後有其他的問題，我們還是想聽聽你的意見。」

讓婆婆鬆懈的方式，其實就是安身又安心，讓她感覺歸屬於家族，也依舊是有分量又有用的人。

Ⓒ讓公婆轉換空間和心情獨處：在原本的環境裡，兩老總會父母角色上身，因此多為他們安排兩人出遊，或為他們報名社區大學的課程、老年人的活動，共同經營出兩老的興趣，營造兩老重新找回彼此熱度的氛圍，專注在彼此身上，沒有兒孫在旁干擾，他們就必須思考，如何找回更深刻的連結。

當我們透過這三種態度強化公婆的關係後，你可以回歸到自己的夫妻關係上。接著，就來到我們談及的第二個次系統面向。

二、鞏固夫妻之間的次系統

要著眼於夫妻界限時，首先要知道健康的夫妻關係裡，必須具備以下兩種功能：

Ⓐ合作與問題解決：許多婚姻關係的疏離，是因為彼此不能合作解決問題，各持己見又不願意在不同調的想法中找回共識或互相讓步，就會讓問題解決的機制向外拓展，引入第三方的重要性，導致破壞夫妻次系統的界限。

當先生花太多時間或心思在婆婆身上時，你可以告訴丈夫：「我知道媽媽對你來說很重要。我們這個家也需要你，你對我跟孩子都很重要，我們是不是可以一起想想，怎麼安排家庭時間呢？」

正視夫妻問題，就是在建立夫妻界限。在每一次先生重視外務，或不自覺逃避家庭問題時，要適時引導先生共同參與家庭事務，而不是氣餒地將先生排除在外。

要記得提醒自己，**女人太過執著於照顧者的角色，就會導致父親角色的失能**。

當妻子放大母親的角色時，便會擠壓到夫妻相處的時間，同時會質疑先生的照顧能力，而處處質疑或數落先生，導致先生更加迴避參與家庭事務。先生的存在不是家裡的ＡＴＭ，請邀請先生共同來保護孩子與家庭生活。

B 情緒支持與親密：當太太可以理解先生在原生家庭的膠著，給出更多支持與理解，時時連結先生，不斷讓夫妻之間有真心交談，瞭解彼此在關係中的擔憂和需求，有心靈層面的交流，就有足夠的韌性面對關係之外的難題。

例如，當你面對婆婆催促你趕快生孩子時，想要對先生求助，可以告訴先生：「我知道你很在乎媽媽，但我覺得有點無力，好像沒懷孕都是我的問題。我希望你支持我現在還沒準備好當媽，可以出來幫我擋一下，讓我知道你是我的後盾。」

接著，你要說出後果：「媽如果繼續這麼逼下去，我不知道自己還有沒有力氣面對她。每次我們親密時，都讓我覺得像例行公事，這樣好痛苦。你覺得，我們可以怎麼說動媽呢？」

建立界限的方式，是著眼於「夫妻關係上」，究竟與婆婆的相處如何「影響」

到夫妻關係。而在相處上，你需要取得什麼樣的資源？當你缺乏這些資源，又會如何影響自己繼續在夫妻關係的付出，以此面向來邀請先生共同為關係努力。

適時地在關係裡展現真實又脆弱的感受，包括無力、挫折等情緒，除了增加情感的通透度，也強化彼此連結，當我們有能力分享彼此的脆弱，就能感覺更親密。

當你能理解婆媳問題該因應的態度與觀念，接著就是界限溝通該有的三項技巧：**同理與認可對方的處境和感受，提出需求，最後共同討論與解決**。

親密關係中的小三難題

當夫妻有無法解決的衝突或憤怒，往往會將情緒、抱怨投注到另一個人身上。在婚姻中，孩子往往成為最安全的小三，有時他需要當調解員，有時他是橋梁，甚至需要當出氣包。

因此，我們說，舉凡讓關係中一方，**情感投注與衝突轉移的對象，都可以是關係中的第三者。**但第三者卻用多種形式存在，在所有的人際關係中，也不可能有純然的兩人世界，第三者、第三方的事物，都可能介入兩人一組的關係中。

其實「小三」總是無所不在，但令人痛苦的「小三」現象，痛點並不是因為小三的存在，而是伴侶感覺被排除在外，所以厭惡或無法容忍小三的存在。但有另一種情形卻是，伴侶寧願「小三」存在，就不需要面對伴侶的需求或埋怨。

我們如何能夠透過界限的設立，化解親密關係中的小三難題呢？小三存在是必然的，但如何讓小三用適切的方式存在於關係中，且不為關係帶來破壞，就端視關係中的兩人如何為關係設立界限了。

我們分成兩大部分來說明——「非外遇類型的小三」與「外遇的小三」。其實，孩子、伴侶的家人、朋友群以及工作與癮頭，例如性成癮、賭博、酗酒、毒品等等，**讓伴侶專注癡迷的，都會成為關係中的第三者。**

伴侶關係的界限，如同個人的心理界限，需要保有彈性，也就是他人可以參與你們兩人的互動，而非封閉僵化的兩人世界。當伴侶世界只有兩人，將會孤立於世界，也會讓周遭所有人都感覺被拋棄和背叛。當伴侶眼中只有彼此，即使他們有了孩子，可能也無視於孩子的存在，他們的生活若無法為孩子調整到彼此同意和舒適的狀態，孩子將會感覺被拋棄的不安感。

但真正會惡化關係的小三存在，有以下兩種現象：

小三的影響力大於伴侶

在伴侶關係中，總是參雜第三人的意見嗎？婆婆的威力、姊妹淘的影響力，如果他們說話的分量都比另一半重，伴侶便會感覺失去存在感。當伴侶不再是彼此重要決策的討論對象時，會感覺不被信任與被拋棄。若是伴侶的友人總是單獨邀約伴侶，而伴侶也不願意分享互動的內容，這會使伴侶產生強烈不安全感，覺得自己被排除在外，進而影響到關係的信任。

比方說，換工作這種人生大事，你討論的對象總是母親或姐妹淘，另一半則是處於被你告知的位置，就容易讓另一半覺得自己在關係中沒有影響力，也無法參與你的人生大事，那他存在與否又有何差別？因此，讓另一半感覺安心，就是讓另一半參與重大決策，並讓討論過程透明，不將決定權交給第三人。

小三的威力破壞關係的平衡，像是因為過度工作、過度飲酒等所帶來的負面身心影響，已經影響你在關係中的付出，或者干擾你情緒的穩定度，讓你不斷發洩情緒在伴侶身上，或者因酗酒或賭博，危害另一半的安危。這些外務的威脅，不僅擠壓到彼此的相處，更壓制彼此相處的心力，帶來惶恐與憤怒，影響關係的平衡。

舉個例子，酗酒的人通常習慣壓抑或否認情緒，寄情於酒精，不僅面對挫敗情緒有困難，也無法正面溝通關係中的不滿或無力。當另一半喝酒過度，代表著他有許多情緒沒有溝通，酒精更會影響腦部的衝動控制能力，也影響認知思考。伴侶因此總是付出照顧的一方，還需要忍受當事人酗酒後情緒的波動及混亂，但自己的情緒卻沒有受到照顧，又必須忍耐且避免酗酒後的伴侶有更激烈的衝突。失衡的關係最終導向破裂。

當你要與伴侶正視小三問題，請先問問自己，與伴侶之間是否有無法攤開討論的衝突？伴侶曾經尋求過你的重視和支持，但卻被你拒絕了？伴侶想要討論關係時，是否被你迴避了？

小三的存在，雖然看似破壞關係，卻是伴侶以自我保護的一種形式，將情感投注到另一人、事、物上以尋求喘息，避免回到親密關係被指責，或再度感覺失望無力，也是延長關係壽命的一種作為。當他們獲得慰藉與支持後，才有能力回到與留在關係裡。

因此保護伴侶界限的方式，並不是迫切移除小三的影響力或它的存在，而是開始懂得伴侶的需求，並且開始承諾「保護」與「監督」彼此，保護伴侶在彼此心中的地位，也關注伴侶的感受，給予伴侶影響力與重視感，不將伴侶排除在外。同時，成為彼此的監督者，提醒彼此的行為、情緒或健康。當你不斷地保護與監督彼此，鞏固伴侶關係，就能確保彼此在關係中為彼此付出的心力，愛才能長存。

那麼「保護」的方式是什麼呢？在此打個比方，當你們週末要邀請父母家人共餐，你要確認太太的感受，與太太討論是否哪裡會感覺有負擔，這就是保護伴侶感受的第一環。接著，當家人到來，也能夠坐在太太身邊，並且能夠保持眼神接觸，不時關注。最好的情況，就是找到彼此能懂的暗號，在太太覺得有壓力時，能夠釋放出來，讓先生可及時救援。當伴侶在家族聚會上感到這般的照顧與保護，就有能力保護先生的情緒和感受，形成穩固的親密互動。

而「監督」的方式，例如：當伴侶經常被工作事務纏身，影響了相處品質和相處時間時，在工作成為關係的小三之前，彼此就要能商討出每週最低的相處時間和頻率，達成相處上的共識，並適時監督彼此的工作量和情緒穩定度。在對方工作超時，可以適時提醒；工作影響情緒時，也能讓對方知道。重要的是，這是雙方同意監督彼此的方式，就不是抱怨或隱忍，而是透過監督來聯繫彼此，形成強韌的連結。

接下來，另一種小三的存在，是絕對具破壞性的，也就是伴侶關係中最不能接受的——外遇現象

真實小三的存在，不只是溫柔鄉的慰藉，更多的是心理上的撫慰。有人在外遇中尋求被重視的尊嚴感、被理解的歸屬感，或是被包容呵護的感受；也有人在外遇中去扳回在親密關係中的劣勢，用外遇來懲罰或羞辱伴侶，可是這些追尋都能用對關係更有建設性的方式取代，像是與伴侶真心交談，談在關係中的挫折，或者對伴侶預警，提醒伴侶不要再打壓或忽視彼此，都比用外遇來處理關係上的瓶頸更好。

對於外遇和背叛的修復，基本上跟前述的小三建立界限的做法類似，瞭解伴侶的需求、承諾保護與監督彼此等等，但更重要的，是除了共識之外，共感伴侶的痛苦與真心的懺悔，才有可能真正邁向關係療癒之路。

但一定要提醒大家，即使你現在誠摯的道歉，不要希冀會立刻獲得原諒。許多事例是，外遇者道歉後，受傷的伴侶仍無法釋懷，結果外遇者因此強勢指責與數落另一半，使得受傷的伴侶陷入更深的痛苦中，不僅沒有保護到伴侶，外遇者再度成

為關係裡的迫害者，陷入惡性循環。而關係中的彼此為了保護自己，便會又選擇投入小三的懷抱。

當外遇那一刻起，伴侶就無法再是過往信任與堅強的人，而是充滿痛苦與脆弱的個體。外遇後伴侶界限的設立，則是清楚知覺伴侶的脆弱無助所帶來的傷痛與憤怒，需要被看懂與承接之外，更重要的是承諾保護關係，同時也承諾保守自己的心，包括別急切要求伴侶復原，以及理解他們在罪惡感的驅策下，渴望逃避的心情。這樣，才有機會逐漸脫離小三現象的影響，朝健康平衡的關係前行。

希望這一節可以幫助讀者更好地識別婆媳、小三等問題如何影響親密關係。在面對關係界限被破壞，如何回到關係界限去保護彼此，看懂自己的角色、看懂彼此的需求，共同打造強壯的伴侶關係。請永遠記得，健康的家庭、快樂的孩子都來自穩固與堅定的夫妻關係。當這層關係扎實，就能撐起一個強壯且幸福的家庭，終能開枝散葉，而非分崩離析。

3/4

誰是你真正的好朋友？真兄弟？假閨密？

前一節，我們談到關係中的第三者，如何適當保護與監督親密伴侶，為彼此設界限，才能避免第三者影響力過大，危及到關係。

在這一節，我們將談到另一個在人際互動中的三角循環現象，幫助你瞭解揪心又費神的人際互動裡，有些人明明被朋友「軟土深掘」又剝削，明明深感痛苦但又深陷其中，不可自拔。

我們先來看看小米的故事——

「小米的好友與小米絕交了，她心裡有很多委屈，也充滿怨懟和難過。很多次，小米都不想再跟對方往來，就是說不出口，因為覺得對方很可憐，很多段關係都處不好，跟老闆、家人，甚至在學校跟教授的關係也很差，小米一直勸她、幫她，甚至介紹朋友給她認識，對方都不太領情，甚至經常使喚小米幫忙買東西，還丟工作給她，一直占用小米的時間，之前在學校時期她們住在一起，有時候她半夜會把小米叫起來，跟小米訴苦，小米差點崩潰。

後來，小米要搬出去住，她因此差點要跟小米決裂。小米只好硬掰說，因為表妹也來念書才讓這件事落幕，她自己也搞不懂為什麼需要跟她撒謊。但分開後，小米卻開始想念起跟對方相處的時光，那種被需要又好玩的日子。」

很多人聽到這樣的故事，都會為小米可以離開這段友誼拍手叫好，但對小米來說，卻不完全是這麼一回事。因為，這其實是一種關係的模式，對方在關係裡有很多需求，你不停照顧他，滿足他的需求，但回過頭來，他還是滿足你身上某些需求，他帶給你樂趣，或激烈的情緒反應，這不一定是其他關係可以帶給你的，因此你會在關係裡來回糾結於痛苦與開心，或處在無奈或無法選擇的困境中。

上面這段故事，是否會讓你回想起人際相處中的誰呢？會不會經常覺得費心神地跟某個人相處，最後吃力不討好？會不會覺得，付出沒有回報，身邊一堆不知感恩又有吃有拿的朋友？如果是，那你要幫自己張大眼睛，好好注意這些占便宜的人究竟有哪些特質，才能避免讓自己一再陷入相同的循環。

人際吸血鬼的特徵

從小米的故事，來看看這些總愛占便宜的人。我稱之為人際吸血鬼。你會發現，他們都擁有暗黑同理心，懂得操弄他人的罪惡感和責任感，透過你完成他們真正想要完成的事，所以當你不順他們的心意，他們就懂得如何操弄你的心情，讓你覺得自己是壞人，不得不出手相救。

那麼，該如何辨識人際吸血鬼呢？

以下列出幾點人際吸血鬼的特徵，幫助你在人際互動的初期，就嗅到這些氣息，幫自己爭取距離與空間，不捲入糾結與糾纏的心理遊戲裡。

A. 過度自我中心

當一個人所有事情的出發點都是「自己」，也無法真正考量他人的心情，覺得世界應該圍著他轉。這種人往往在關係初期會讓人感覺有魅力，因為其作風強勢且看似自信。但他們容易覺得，世界在與自己作對，難以忍受他人拒絕自己；或當事情發展不如自己預期，就會暴跳如雷。

過度自我中心的人，很容易觸怒別人也容易被觸怒，由於他們不會顧慮別人的感受，會隨意侵犯別人的界限，人際破裂是家常便飯。例如：看到別人有新玩意，就拿過來把玩，也不管東西是別人的，弄壞也只說東西不耐用，好比《哆啦A夢》裡胖虎的個性，容易觸怒別人，而許多人對他是敢怒不敢言。我們都知道，只要大雄不聽話，胖虎便會對大雄感到憤怒。因此，能在這類人身邊留下來的，往往都是為他人情緒負責的善良人。

自我中心者的核心信念，是「千錯萬錯，都不是我的錯」。當善良人為他承擔起一切罪責時，也呼應他們內在的核心信念「千錯萬錯，都是我的錯！」於是，彼此的核心信念勾住了關係，也失去彼此該有的情緒界限。

B. 過度依賴他人

當一個人會過度依賴他人，就會害怕別人拋棄自己，也經常以為別人要離開，因此在人際互動中會是處於很黏膩的狀態，也就是說，他們會常常需要知道「你在做什麼」，或者他需要你關心他，需要你把所有的注意力全放在他身上。

若你與其他朋友出去玩，他就會覺得自己遭到背叛，也會認為你拋棄他，甚至會非常吃味。在他的朋友圈裡，他只希望你與他兩人非常緊密，不容許有任何人介入。而他可能只是你的同性友人，或是你的好友。但你會覺得，關係黏膩到像是愛情的共生模式，喘不過氣來。難道你有了他這個朋友後，就不能有其他朋友嗎？

他們通常很會綁架別人的感受，讓人無法自由做自己想做的事。像是，你現在週末開開心心要去野餐，突然一通電話打來：「嘿～哈囉，小花，你這個週末要幹什麼呀？」然後，你就告訴他說：「喔！我要跟國小同學們去野餐。」

「什麼？你要去野餐？欸你怎麼沒找我啊？你怎麼這樣啊？我對你這麼好耶！你為什麼可以這樣子對我？」

這時，你就會想：「可是我的這群朋友不是你的朋友耶……我們是從國小到現在的好朋友，可是你才跟我認識半年而已……」你心裡有很多的糾結，又不想讓他不開心。其實，你又在為他的情緒負責了。所以，你無法開心地和這群好友聚餐或野餐。這類的朋友會造成你心裡上很多很多的壓力。但你為了不讓他擔心、失望或難過，而去勉強自己，卻模糊彼此該有的界限。

C. 經常剝削他人

這類型的人其實缺乏同情心或憐憫心。他們剝削他人的形式則是，剝削他人的時間，剝削他人的金錢或物品，或甚至對於他人很愛護的東西，像你的寵物，他也不在乎，甚至會不自覺地欺負你身邊的、某些你心愛的物品或你心愛的人，透過「剝削」取得你對他的關注，或製造你對他的恐懼，讓你屈就或服從他的威脅。

這種經常剝削他人者很喜歡抓人把柄，比方說，他可能不小心知道你的祕密，那他就會經常拿這把柄威脅你。但他為什麼有能力獲得他人的祕密呢？

其實人際吸血鬼在交往初期，是很熱情的人，有時候會散發出你很容易信任他，你很容易覺得他是容易親近的對象，然後他也很容易把你內心裡頭很深沈的感受給套出來。

還記得，之前我所參與的電視節目，某集請到了一位很資深的演員，曾經在多年前被朋友背叛和出賣，這新聞當時還鬧得沸沸揚揚。朋友甚至講他愛演戲、欺騙所有人，但當我們心理專家與他接觸後，看懂他的人格特質是容易信任他人也容易對人掏心掏肺，相當單純，甚至見到誰都想幫忙。他身旁真的充斥著剝削他的人，借錢不還、利用他的人脈、占用他的時間……他才意識到，自己門戶大開地吸引吸血鬼來到他身邊。

那些人就是看準他這點而親近他，抓住許多他的故事和祕密，肆無忌憚地用這些把柄威脅他，要他服從，形成了非常不對等的關係。

當關係裡有了恐懼，就難以把持應有的界限。他們決裂時，對方就將這演員的故事公諸於世，此風波經過一、兩年才平息。

D. 經常使用悲情吸引他人注意

這類人喜歡扮演受害者，博取他人同情與注意，擅長哭訴他人對自己不好，過得有多麼糟、可憐又生病、窮困等等，營造出痛苦的氛圍吸引人對其投注關心和關懷，或賺取他人熱淚。一旦投入你對他的心疼和憐惜，他便立刻對你產生依賴性連結。接著，食髓知味，一步步要求更多援助。

這類人身上有這麼多的悲情，有時候也因為他們的依賴性，無法對自己的人生、財務，甚至情緒負責；不斷求助於人，又感覺被他人拋棄，所以對曾經幫助過他的人有強烈怨懟。因此，跟這樣的人相處，一開始你會覺得他是受害者，讓你有成為英雄、拯救他的神聖感，而他也讚嘆著你，然後你便會去做更多事讓他滿足，一方面滿足自己當英雄的欲望，一方面也滿足你受到需要的感受。

但你無法一天二十四小時隨伺在側，還是有自己的生活要過，分歧與不滿足就這麼發生。你沒有辦法再順著他的意。一旦他發現你不像以往那樣照顧他、呵護他，對他投以關注時，一瞬間你就變成迫害者了，他會到處宣揚，你這個人的糟糕與可惡，你變成他生命裡讓他受苦的對象。由於你與他的界限模糊，他生活上的不便與不悅都要你負責，所以很容易就對你生氣。而你也很難在這段關係裡感到自在。

在我的實務工作中，我的確看過有很多人際吸血鬼因長期的關係不穩定與人際破產的現象，出現心理疾病，導致他們在人際上有更多帶給他人及自己痛苦的問題。

我在研究生時期跟診時，就曾經遇過讓醫生頭疼的案例。那位女士不停述說自己罹患憂鬱症，有很多痛苦，也無法工作，需要申請補助，又談論到里長沒有幫她申請低收入戶補助，抱怨學校老師沒有多花心思幫忙帶孩子，甚至最後對醫生發牢騷，說醫生知道她有憂鬱症，那為什麼沒有多開藥與多分配時間給她？可是醫生已經聽她談了半個小時，她反覆說著自己有憂鬱症。這不禁令我反思，究竟是她的人際相處方式讓她生病，還是因為病症，她不得不如此？

醫生談完話，送走那位病患之後，轉頭看了我一眼，長長嘆了一口氣，還是不忘溫暖地對我笑一笑，之後又繼續面對下一名病患。

也許這樣的依賴性與悲情的外衣保護，在沒有覺察時，需要更多藥物控制自己那不斷低落且無力的情緒。但這樣繼續下去，人生也只會更無望，也看不見任何的可能性。

對於人際吸血鬼，以上簡單列出了四種特徵。他們在人群中能辨識出，讓他可以吸取正能量者，以及被他完美利用的人。那究竟是什麼樣的人才會被他們利用呢？通常就是有大愛的善人與好人，他們不喜歡拒絕他人，也希望在別人眼中的自己是完美的，是個供應者、照顧者，但他們身上常常缺乏自我。因為，他們也不覺得自己的需求重要，滿足他人需求才會滿足完美形象的自我要求，把認可與讚賞的能力外包給他人，在幫助他人或被需要的過程中，獲得成就感與短暫的開心。他們很多時間都處在無力的狀態，所以容易吸引到會吸取他人能量者匯聚在其身邊。

拯救者與大愛情結作祟

有時候我會戲稱，菩薩身邊都會有很多小魔來吸取祂身上的正能量。但我們不是菩薩，卻基於許多迷思與「以和為貴」的美德，讓許多人覺得，需要與其他人維繫良好情誼，同時非常大愛地渴望給出很多。這種很大愛的人其實是很沒有界限的，但你問「大愛」究竟好還是不好？我會說，這需要看個人的修煉。

真正大愛的人，清楚自己可以給予，而給予不需要回報，也不會感受到自己被掏空，因為他本身就是源源不絕的能量，不用透過他人的回應或肯定來存活，也不需要透過付出與被需要來感覺自己有價值。因為他自己就是價值，他的存在就是一種美好。

但多數人還沒有自我時，就很容易為他人而活，甚至無法拒絕他人的要求。有時，還會因為別人的淡漠、拒絕、憤怒的反應，反過來自我懷疑——

是不是我付出的還不夠？

他想要什麼？我該怎麼做，他才會開心？
他會不會這樣就討厭我啊？他不願意繼續跟我來往了嗎？
我該怎麼辦？我是不是該多做一點？
可是我好累啊！我會不會怎麼做，他都不滿意？

我們容易陷入的三角循環

因此這樣需要與被需要、給予和索取的關係型態，有時候很像受害者、拯救者，你當初看見他們需要幫助的狀態，楚楚可憐又脆弱不堪，看見一個受害又委屈的人，便跳進去當拯救者。而大愛情節的拯救者，經常容易有完美主義，又渴望自己心地和形象可以像天使一樣善良又純潔，就容不得眼中的一粒沙，無法容忍別人眼中的他們不夠好、不夠善良、不夠負責。這種純潔感容不下任何一丁點批評，總是把所有事情做到極致，不讓人有話說，可是偏偏別人還是說個不停，就讓拯救者疲於奔命，一直到累掛了為止。

受害型的吸血鬼，很喜歡用脆弱吸引他人的注意力、討拍，吸取他人身上的精力，讓拯救者情緒與身心疲乏，可是又拒絕不了，因為一想到要拒絕就充滿罪惡感；迫害型的吸血鬼則很喜歡透過指責來讓人感到自責、羞愧。由於拯救者很需要「面子」，討厭別人說他不好，就會拼死拼活地把事情攬下來。如果他們的老闆是這種人，只要對拯救者說一句：「我對你好失望！」那一切都能得逞了。

以下要介紹的是一個非常著名的心理諮商工具——卡普曼戲劇三角形（Karpman Drama Triangle），屬於諮商學派中的溝通分析理論（transactional analysis，簡稱TA，學派創始人為Eric Berne）。這個模型說，人都無法擺脫這戲劇三角形裡的角色：迫害者（Persecutor，簡稱P）、拯救者（Rescuer，簡稱R）、受害者（Victim，簡稱V）。

當在關係中的雙方沒有覺知到，這場心理遊戲正在彼此之間上演時，三角形就會越轉越快，受害者吸血鬼討不到拍，成為迫害者吸血鬼，開始痛罵、責備大愛的拯救者。此時，大愛者成為委屈的受害者，大愛者氣不過也難忍委屈，接著咆哮罵人，成為關係中的迫害者。吸血鬼此時因為被罵，再度回到受害者的位置，大愛者良心不安，又回到拯救者的位置上，安撫對方。這是人際中常出現的三角循環。

缺乏覺知和界限時，我們容易陷入幫助對方，又沒有意識到對方自身責任的狀態，於是開始了三角循環，情緒也起起伏伏，形成糾結且糾纏的關係。

但親愛的，人際吸血鬼還是會持續在

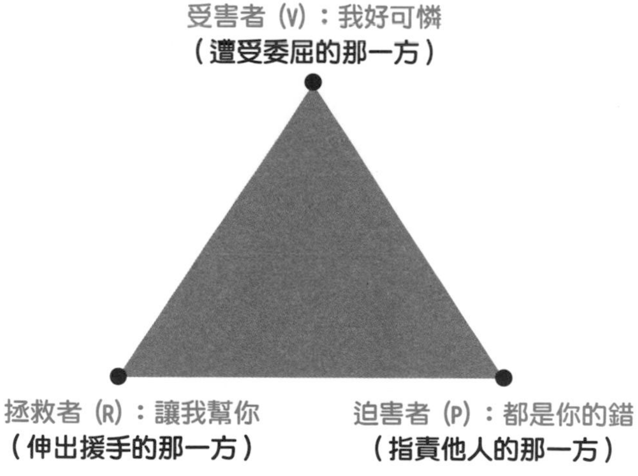

我們身旁出現，可當與你互動的朋友開始出現這些跡象時，你還是能幫自己做些事情。以下，就讓我們一起來看看吧！

跳脫三角循環、去除大愛情結

當我們意識到自己陷入關係的惡性循環時，就要反思，在自己的大愛情結中，對他人的視角為何。以下兩個問題問問讀者：

1. 你是否總是容易被脆弱的人吸引，又習慣弱化他人？

2. 你是否許多事都事必躬親，不習慣麻煩他人，因為你不信任他人做事？

常常弱化他人者，通常內心住著無用的小孩，意味著，他小時候經常處在無力和無助的狀態，看著周遭的人受苦或受害，自己卻幫不上忙，因此長大了就要求自己具備各種解決問題的能力，救苦救難，同時這樣也能解救內心裡無用的小孩，得以有力量告訴自己：「我不再處於那樣無用的狀態了」。所以，容易被「受害者」狀態的人勾著自己內心無用的小孩，當兩人的情緒都被相互勾動，就無法看清界限，進入拯救循環。

需要事必躬親的人，內心則住著被忽略的小孩。他們小時候往往沒有得到太多幫助，是靠自己的力量解決許多事情，可以說是「靠自己長大的孩子」。因此，當他經歷了那孤單和被忽略的成長歷程，當有人受難、需要幫助時，其實就是看到內心裡那個渴望被幫助，卻沒有人幫助的自己，便衝鋒陷陣地協助解決難題，便被勾動情緒，無法看清界限。

所以，**大愛情結到頭來，要拯救的不是別人，正是內心孤苦伶仃的自己，那個被忽略又無助的內心小孩。**當我們希望不再受限於關係的惡性循環，要做的是，**正視過往的自己，並解救受難的自己，才不會總認為有責任解救受難的他人。**

在卡普曼三角形中，最重要的目的是要提醒我們「選擇」、「自由」與「責任」。我們選擇了拯救者，那是我們的自由，但同時也選擇了為他人承擔責任，以拯救他人的方式救贖自己內心的孩子，彌補過往不被在乎的失落。

然而，我們做了選擇後，有一陣子會感到滿足與安慰，但一旦別人受到自己的幫助後卻轉身離開，或者變本加厲地勒索、指責時，你就會再次陷入過往那受難的小孩狀態，怨恨自己怎麼做都沒用，再次積累無用的能量，等待透過解救他人來救贖自己。

因此，我們有自由選擇正視過往的傷痛，解救自己，為自己的過往傷痛負責，也為自己擔憂他人的受苦感受負責，停下解救他人的行動，正視內心，才能在療癒自己之後，跳脫三角循環，不再因他人的苦難勾動情緒。

有辦法為自己的感受負責任，就不需要一直進到人際吸血鬼的心理遊戲裡，為他們的情緒負責，也就能夠設立界限，感受平衡與健康的關係了。

前半部分探討對他人的視角，接下來要探討的，則是對自己的視角。在此，就要探討「關係的附加價值」。

關係的附加價值

前面提到，真正的大愛不求回報。

關係之所以糾纏不清，又無法畫清界限，跟我們在關係中所獲得的情感滿足，有直接的關連。以下這兩個問題，我也邀請你來詢問自己——

1. 你是否有著被需要與被肯定的渴望？是否總是擔心他人的眼光？

2. 你是否需要跟某些人在一起，來讓自己感覺光彩？

在馬斯洛（Abraham Maslow）的需求層次理論（Maslow's hierarchy of needs）中，愛與歸屬需求以及自尊需求，是匱乏性需求，也就是需要透過外界的資源來獲得。當你有以上兩種情形，表示你內在這兩個層次的需求，並沒有被好好滿足，以至於你在關係裡吸取這些認可，讓吸血鬼吸取你的精力和時間，為他所用。

所以，你害怕他人眼中的自己不夠好，想要被肯定，就會以「付出」來確保自己在群體或關係中不會被排除在外。你在討好時感受到紮實地與人互動的連結感，也帶給了你安全感，因為失根的恐慌感會讓人無法在乎界限，認為沒有根，擁有自己又有什麼意義？

當你需要透過關係沾光，也表示你並不覺得自己是具有獨特性和價值感的、是值得他人尊重的個體。我們常會發現，很多擁有光環的人，身旁總是容易出現綠葉，或願意任勞任怨、做牛做馬的人。因為跟光環人物當朋友，就能滿足他們的自尊需求，所以自己的界限不重要，被他人羨慕比較重要。

想要擺脫人際吸血鬼的控制，還有痛苦的心理遊戲循環，就得正視自己需求的匱乏。而不成為他人傀儡的方式，就是看顧好自己的需求，學會滿足自己和愛自己，你可以這麼做：

一、拓展人際關係，為自己尋求有意義的連結

幫自己拓展人際圈，不再執著從某個人身上尋求認可。當我們擁有人際關係，也要練習將人際關係中他人對我們的好意和肯定收進來，成為肯定與支持自己的梁柱，不斷在與人互動之中建構起自己的強韌度，進而相信自己有能力與人連結，也擁有接納自己的人際網路，就可以在他人剝削時，有力量起身離開。

很多人習慣從某個特定人士身上獲得認可，來感覺自己是有用的。例如，老闆很難纏，有時是因為他們身上帶有父親或母親的特質，若獲得他的認可，彷彿我們也能搞定難纏的父母一樣那樣光彩，但卻看不到也許其他主管或客戶對你充滿讚賞。而你執著地需要對方的認可，就忽略與其他主管和客戶連結的機會，也不認為他們的讚賞是真實的，在職場上會越感挫敗，也越缺乏韌性，更依賴難纏老闆的肯定來

令自己感覺安心。

二、學會肯定自己，提升自我價值

想想看，你覺得自己哪裡不夠好？是外表、是能力？還是只要跟你有關的，都不好？**當你願意擁抱不完美的自己，溫柔地直視自己不夠好的狀態，你會在平靜中獲得肯定自己的力量。**

雖然過程裡充滿焦慮和羞愧，但只要不斷練習直視自己，就能停下對自己的批判。接著，為自己起身行動，像是健身、學習，讓自己在自我成長的過程裡，看見自己願意以己身需求為主，為自己付出，就能更為提升自我價值，不再需要為他人的眼光及話語，動搖自己內心。

我舉個例子，小麗在職場上曾經被主管當面批評報告沒做好，她找我談被當眾指責的委屈和羞辱。在經歷幾次談話後，我帶著她回到當時的情境，去溫和地看著台上的自己，她感受到一股焦慮襲來，卻又逐漸平靜。接著，她他告訴我，是的，主管的批評並不是我這個人不夠好，她希望我報告可以更完善，我其實可以更細心、確切地呈現出數據，我其實可以做得更好。

後來，小麗在報告時，變得格外謹慎和自信，因為她濾掉自己不夠好的羞愧感，更紮實且客觀地檢視自己的報告，也更能肯定自己的用心，懂得如何捍衛自己的報告，簡報說得說服人心。之後，她很少在自慚形穢了，也不覺得自己總輸別人一截，而需要討好別人。

其實，脫離老好人的姿態，還是要去審視自己過往的成長，以及匱乏的需求，就能幫自己跳脫窠臼，真正做回自己。

但很有可能在你退出與吸血鬼之間的關係，或者只是拉開距離時，會帶給你情緒上與價值上的崩解。因為你會覺得，你怎麼連一段關係都沒有辦法經營好，落到這麼難看的地步收場。你可能會對自己產生很多懷疑，而這就是我們要提醒自己的，人際吸血鬼就是有這種特質。在人際中感覺匱乏或過度負擔的問題遲早會發生，可最重要的，還是要回到自己身上，將他人的行為與自身價值區分開來，畫分界限，才能成為彼此獨立的個體。

請記住，想要界限清楚，得從自己做起，看見身上的大愛和英雄情結，看懂心理遊戲的三角循環，照顧好自己，也滿足自身需求，就能真正跳脫老好人的悲劇。

Part Four

如何建立界限，
探索並認識自己的底線

4/1

界限的探索

物理界限的探索

物理界限的探索方式：

1. 請畫出你青少年時期的房間，以及居家結構。
2. 家中的每一個房間被使用（出入）的頻繁程度如何？
3. 你對於「我的房間」的物品，有多少所有權？
4. 避免交談，也允許自己在過程中有任何感受。

如果你曾經有租屋或購屋經驗，應該看過仲介或屋主準備的公寓平面圖，標示著主臥房、房門與大門、陽台、廁所等。而我們再進一步用你看得懂的方式，將房間內的物品註明。假使你居住在透天或別墅，也可將每一層樓的結構繪製出來。

請就以上四個指導語，在安靜且不被打擾的空間與時段，畫出居家結構；若有房間轉換歷史，也為自己標示出時間軸。

艾瑞克森（Eric H. Erickson）在心理社會發展論（psychosocial developmental theory）中提到，青少年時期是發展自我認同最重要的時期，在此階段孩子開始有「我是誰」、「我歸屬於哪裡」的概念，可說是認識與確認自我狀態的黃金期。在第一章有提到，心理界限可透過物理形式，也就是房子的形式來理解，因此在這裡我們也可以幫助自己透過居家環境來認識。

在工作坊中，我會讓學員想像小時候帶朋友回家時，如何向朋友介紹自己家中的結構。同時，也讓其他學員感受，住在那樣環境的孩子會有什麼感覺，總會激盪出有趣的回饋。以下，我就三個房間結構討論其心理上的含義：

1. 物品 v.s 所有權

回到指導語中的第三個問題，有些人心裡清楚即使物品是自己的，卻沒有完整的所有權；有人則是房間內很多不屬於自己的物品，像是如果跟手足或跟媽媽共用房間；有些夫妻則是允許孩子的物品擺滿客廳，甚至是自己的主臥房。

當你的房間必須與人共享時，勢必要經常為另一個人著想，或者你會容易受另一個人影響。

小萍跟妹妹從小住在一起，而小萍在家中又被要求照顧妹妹，總覺得自己在家中不太有地位。在房間配置上，她注意到，自己的東西明顯比妹妹少很多。而在姐妹的相處上，妹妹就是需要被照顧卻發號施令者，就算現在成年了，妹妹還是會要求小萍買東西給她，小萍也老是無法拒絕。

當你青少年時期跟家人同住一間時，你的自我結構中，就容易裝載另一個家人的聲音，而你是否能清楚辨識家人有多少聲音，是否能辨識他跟你之間的差異。當你總是無法拒絕你的家人或手足，在你覺得勉強時，是否有感覺到像是「拒絕自己」

般陷入兩難？

在我的課程上，有一位媽媽曾說，自己在家中的東西是最多的，因為她會衝動購物，一次買一打，然後堆在廚房、客廳。但當我提到此為權力的象徵時，她並沒有知覺到，**在家中物品的多寡，也象徵這個人在家中的聲音有多少，以及其權力地位。**通常，你可以在家中擺放這麼多東西，是需要家人「允許」的，若在家中沒有權力，東西太多，甚至擺到公用空間，必然會帶來不少爭吵與指責。

在我小時候，我們家是父親的東西最多，尤其是書籍，我的房間有兩個高至天花板的書櫃，但都是父親的，家中各個角落也都有父親的書籍。但我只要東西沒歸位，就一定會被罵。所以，在家中權力小的人，是沒有自由去購買這麼多東西，且占據公用空間。

小荷是家中的獨生女，從小就擁有自己的房間，當我們在探索房內物品時，小荷說道，雖然房內的東西都是買給她用的，但她總感覺不到所有權。因為，小荷深知，若東西用壞或不見時，一定會被處罰。有時候她不解的是，那明明是她在使用的物品，為什麼母親經常要進門來檢查物品是否堪用，像是收音機、CD隨身聽……讓小荷覺得自己是容易做錯事，又容易弄壞東西的孩子。

在這個例子中，物品所隱含的意義是「我的物品其實是母親的物品，我也是母親的附屬品」。這個觀念一直在小荷的家庭裡流竄。在教養上，母親的確會過度涉入與經常性指責小荷，覺得她思慮不周、辦事效率不彰，要母親介入處理，家中界限亂成一團。

再看到另一個例子，小儀是個總是為孩子著想的母親，很多心思都花在照顧孩子上。由於先生在外地工作，小儀經常需要自己照顧孩子。探索房間時，她才發現，孩子的東西在她的允許下，經常擺滿主臥房。先生也抱怨過，但小儀不懂為什麼丈夫要跟孩子計較，卻沒意識到，自己下意識地讓孩子占滿生活，也擠壓到了難得的夫妻生活，更讓她避免與先生太過親密。

小儀這才想到，其實自己刻意忽略先生的需求，總是讓孩子的需求凌駕於夫妻之上。而這是因為她內心對於如何扮演好妻子這個角色不知所措。在她的生命經驗裡，父母離異，自己由祖母帶大的經驗，讓她只知道如何扮演母親，同時又因生命裡缺乏母親的匱乏，使小儀努力彌補孩子對母親的需要，自然疏忽了夫妻生活。當小儀意識到這情況後，才驚覺一旦夫妻關係破裂，孩子將會再度面臨她小時候的情況，轉而將注意力重新放回夫妻關係上。

我們可以從這裡看到，**物品本身除了有權力和發言權的象徵外，物體的擺放也有權力意識，也是成為介入他人界限的藉口。**我把物品擺放在你房間，就有理由進你房間拿東西，而你不能拒絕我。有些父母把孩子的物品擺在房間，孩子就必須進入房間去拿取，理所當然跟父母親近，同時讓父母有藉口不親近彼此，因為隨時會有孩子進來。當你看到這裡，你需要幫自己更有意識地看見物品的擺放，畢竟移動和轉換空間並不困難，卻能為彼此打造舒適又安全的空間界限，讓關係親密且獨立。

2. 房門 v.s 界限

在我小學時，父母的房間有家人共用的浴室，因此我小學時必須要去父母的房間洗澡。但有趣的是，只要夫妻關係夠穩固，或彼此渴望親密感時，自然會覺得夫妻界限被介入，而適時用物理界限鞏固。所以，我記得四年級後，父母就換到另一個房間，甚至父親為了屏除我們孩子說進門就進門的習慣，除了在門上掛風鈴外，又要求我們要在進門時先詢問是否可以進去，用這兩道「房門」手續來建立孩子跟父母之間的界限，就能適時保護夫妻之間的親密度。

也因為父母的示範，讓我意識到「房門」的重要性，它區分了你我，當「你」要進入「我」的空間，你必須告訴我，並獲得我的允許，有保護關係與限制被破壞的功能。

雖然父母自己的房間是如此，我自己就沒有這麼幸運了，父母依舊承襲著孩子不需要有獨立的意識和空間這樣的觀念，因此我被換到父母原本住的房間，在我小學和國中一早，家人會出入盥洗。所以，哥哥高中住校時，我會不時跑到他的房間睡覺，就為了自己的界限不被侵擾。即使不斷被母親碎念，也經常往哥哥樓上的房間跑。

對我而言，所謂我的房間，並非都是我的物品，有父親的書架，大家共用的浴室，以及全家人曬衣服的陽台，住在這個空間我非常不舒服，也不覺得這是「我的房間」。慶幸的是，我跟哥哥一樣高中離家外宿，雖然學校一開始是六人一間的宿舍，但後來則是單人房，真正擁有自己的空間。這樣的離家經驗對我而言非常重要，讓我重新確立了「我」的概念，以及所屬領域的界限。當我在自我認同的黃金時期確立這些概念後，就很難回去了。你擁有你的界限，就擁有在界限中的自由和控制感，在界限中感覺像真正回到家的安全感。

3. 門把 v.s 自主權

在《家庭會傷人》一書中，特別提到，自我界限就像一個握把在內的門，可以讓人具備對信任、自主、自發與勤勉，因為當人對自己、對生命有掌握感，就會有希望、意志力，有能力也有目標去達成人生任務。

但脆弱的自我界限就像是握把在外的門，感覺生命有很多不可控制，自然對自

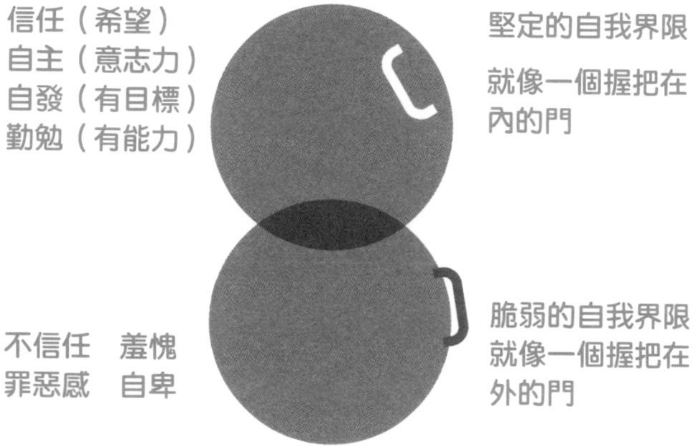

己和他人有強烈不信任感，容易因他人的介入、話語產生羞愧、罪惡和自卑的感覺。人生都掌握在他人手上時，便很難成為可以驅動自己前進的人，容易怪罪自己也怪罪他人，也容易承擔他人的情緒。

因此在課程中我常會問學員，你擁有門把的自主權嗎？你可不可以決定誰能進來，誰不能進來？當你擁有自主權，就擁有自我控制的力量，也會覺得許多事情操之在己，自然會自我驅策，完成許多事情；當你喪失自主權，只能概括承受外界對你的影響力，你沒有區分和辨識能力，好的、不好的統統無差別接收，一邊塞滿許多資訊和情緒，一邊又感受自我的空洞和匱乏。

小莉就曾經有這樣的經驗，因為到了青少女時期情竇初開，躲在房間裡想要寫情書給心儀的男生，又不想被家人知道，就把房門鎖起來，結果引發父母的憤怒。這令小莉生氣，為什麼明明是自己的房間卻不能鎖門？

父母則認為，你是我們的孩子，所以你的房間也是我們房子的一部分，當然不能自作主張。隔天，父親就把小莉的門把拆掉，小莉回家後一看便大發雷霆又倍感羞恥，但父親完全不讓步。小莉知道自己無法跟父親抗衡，就變得越來越晚歸，更在外面結交讓父母擔心的朋友，搞得家中雞飛狗跳，父母氣得把小莉帶去諮商，要求諮商師「矯正」小莉的行為。

而這整件事在心理界限上，就是小莉對自主權的抗爭，父母侵入小莉的界限，不允許她有物理空間上的安全與自由，也不允許她有自主意識安排自己的行動，限制小莉像是限制孩子一樣，卻忽略現在是她自我意識長成的重要階段。這當中有父母對小莉的擔憂和不信任，導致親子之間的衝突越演越烈。

在諮商過程中，終於鬆動父母對小莉的認知，也開始對小莉放手後，孩子反而越來越自律，不需要向外尋求朋友和資源來與家裡抗衡。

其實，擁有物理界限，就是幫助孩子畫出心理界限，更長出對自己負責任的能力，只要家人給予足夠的尊重和信任，孩子就能對自己的行為有足夠的尊重信任，更不會做出踰矩、自傷或傷人的事情了。

我們從房間中的物品、房門和門把三個面向探討，從物理層次去瞭解心理界限，從中學時期的家庭環境瞭解心理界限如何被建構，同時瞭解所缺乏的，以及可以幫自己爭取或捍衛的，就能更從物理層面幫自己捍衛界限，逐漸讓界限的觀念深入你與家人的心中，成為彼此尊重又親密的夥伴。

關係界限的探索

1. 請將所有家庭成員繪出，呈現家人間的互動（可以是印象深刻的畫面）。

2. 家庭成員繪製，盡可能繪製出每個人事物的細節，不要畫火柴人。
3. 若有旁系親人又影響力很大者，也可將其繪出。
4. 請選擇每一個家庭成員在家庭中的「角色」。

這部分的探索，一個部分要探索的是「家庭氛圍與規則」，另一部分則要探索的是「家庭角色」。許多人在繪製家庭互動時，就會呈現年幼時最印象深刻的場景。接著，這圖像會一直停留在心象中，形成自己與他人互動印記，也形成日後家中角色與家庭氛圍的定型，不斷複製重演此畫面。因此，理解你的畫面所帶給你的訊息，是很重要的一環，會幫助你破除不斷重複的角色行為與互動經驗，維持與家人或人際適當的界限。

而在畫面解析上，提供以下三個面向給讀者參考：

1. 人物距離

繪畫的主觀意識上，就能看出你與家人是否過度疏離或黏膩。有些人會用背影來繪製家人，這代表在心中家人總是背對著自己的疏離感；有些人則畫自己跟哭泣的祖母抱在一起，而他的情緒也經常處於傷心的狀態，也顯現出跟家人情緒界限過於糾結。

所以，當你跟父親的位置疏離，有時候反映在人際上的，會是容易跟年長男性有隔閡、過於僵化不讓他們靠近。或者，會透過與其他年長男性互動，來彌補與父親失落的親密感；當你跟女性的位置過度黏膩，則反映了你容易在跟女性相處時，過於共感她們的情緒。

2. 身形大小與位置

當我們畫出身形越大，往往是主觀意識中覺得他心理權力最大的人，有時候這會是男性長輩，或者受寵的家人。越中央的位置，也代表權力較大，但如果偏離中央卻身形巨大，往往呈現的是，覺得家人遙不可及與心中的失落。

這樣心理地位定形，意味著你在人際互動上也容易感受到這樣的心理地位。當你意識到自己心理地位低，在人際中就不容易感到自己的價值和存在感，而需要透過付出來爭取認可，複製家庭中的人際經驗到其他人際關係裡。

3. 人數多寡

當圖畫中的人數越多，代表我們心中要照顧、要在乎的人越多。當參照對象多，也就是要看的臉色也多，要真正做自己或清楚畫分界限就更困難了。當畫出的人多，很容易在人際中扮演照顧者的角色，有時也希望讓所有人都開心，而扮演開心果或協調者，難以維持自己的界限。

這三個面向提供給你們在解析畫面時，簡單的參考依據。但最重要的，是你怎麼描述所繪製的畫面。你可以問問自己以下三個問題：

家裡氣氛是什麼樣的呢？

在這個氛圍下，大家的感受如何？大家都各自在做什麼？

你所繪製的圖像，除了道出家庭互動樣貌外，也說明了「家庭典型事件」裡，每一個人各司其職的角色，以及家庭中隱藏的要求和規則。例如，有很多人會畫出家人在客廳相處的畫面，父親可能是掌握遙控器的人，母親則端著水果，你則跟在母親身後幫忙，弟弟則半臥在沙發看電視。這看似平常人家的相處樣貌，但從每個人的解讀，才能瞭解背後潛藏的動力，而真正驅動人必須做什麼的「責任」，則受到「感受和情緒」的影響，逐漸讓我們定型在家中的「角色」。

當事人的解讀可能是，覺得很不公平（情緒：嫉妒），因為弟弟就可以爽爽看電視（角色：小王子），爸爸只需要發號施令（角色：統治者），媽媽則是在廚房裡汗流浹背（角色：女僕），身為女兒覺得很不甘心，卻也無可奈何（情緒：無力和害怕），希望媽媽一起坐下來看電視，因此起身幫忙媽媽（角色：照顧者）。有時候，媽媽做得讓爸爸不滿意，爸爸會數落媽媽，我就會看不過去（情緒：憤怒、害怕），也是幫媽媽去跟爸爸講道理（角色：協調者）。

在這段描述中，你可以自由選擇你想要描述自己與家人的角色，沒有限制，而是清楚這個角色所帶來的權力、責任，以及角色帶給你的感受即可，理解這些角色引發我們心理運作的方式才是真正重要的。

家庭中權力的懸殊，以及暗藏的規則，會形成界限設立的困難，因為權力會帶來害怕和畏懼，規則會內化成個人信念，讓人反覆遵從。

透過家庭關係圖，可以窺探許多家庭的相處細節，瞭解家庭互動的氛圍，同時也衍伸出家庭歷程帶給我們的角色責任，然而我們如何跳脫角色，就需要從角色的心理運作機轉開始理解。

驅動角色的背後因素

一般而言，當我們討論社會角色，大家都清楚易懂，瞭解一個人是父親、母親、員工、媳婦、女婿、兒子、女兒等等，但在上述的例子裡，我們說的是家庭中的隱藏角色，往往就是這個隱藏角色的認可，導致我們失去與關係界限，因為你認為你有責任和義務完成某些事物。

例如：在我的實務工作中，遇到很多「小大人」。

當你身為小大人時，有體會過權力／權利？也許，有時候當你發號施令，你的弟弟妹妹就要聽話，這其實也是一種權力／權利的象徵，就是角色的酬賞機制之一。然而，有些人可能會說，我在家中是一堆苦勞而沒有功勞的，弟妹都爬到我頭上去，我就是要死命地做！

那麼，這份酬賞可能是另一種機制。**所謂「酬賞的心理運作機制」，通常有兩個面向：第一、獲得好處；第二、避免壞處。**因此當好小大人，可能幫助你獲得家人對你的讚賞或肯定，讓你擁有存在感（獲得好處）；但也有可能在家人眼中，你負擔起照顧弟妹的責任，本該是理所當然，導致你做這些，是為了避免自己被責難或處罰（避免壞處）。

而「小大人」這樣的角色，當你形成角色認同，你的自我意識就會自動化負擔別人的過錯，為他人負責任，也就失去界限。

僵化的角色＝假我的形成＝否定真實感受＝失去人我界限

當自我被困在「角色」內，只能過角色劇本的生活，就必須為劇本長出「假我」，也不能真正擁有感受，或者擁有的都是他人的感受，就會失去出自「真我」的任性與活力，無從捍衛與保護自己真實的感受和需求，也失去明晰是非責任的判斷力。

所以，在關係探索之後，覺察自己的家庭形塑出你的隱形角色，在接下來的章節中，你可以透過界限的公式和步驟，逐漸建立界限，也在第五章〈自我療癒與茁壯〉的一節中，學會鬆動僵化的角色，找回真實自我，幫助自己更清明、自在地設立界限。

4/2

建立界限的公式與步驟

這節課，我們來看一看，在設立界限時，應該擁有的觀念和步驟。

沿用第一章第二節，團隊領導人果斷下決策的例子，使團隊能夠提供品質與效率都良好的服務，並且不會耗竭自己，於最短時間解決了危機。

套用此例的道理，同樣地，我們在其他人際中，讓人尊重與喜愛，也不是透過討好來獲得。然而，很多人無法明確做決定，適時拒絕與提供適當解決辦法，是因為我們在環境或成長過程中被牽制太多，容易無意識地照著他人的意見走，無法適時設立界限。

所以，在界限的設置過程中，要能明確以下三個重要概念，至關重要：

讓他人學會為自己負責

還記得前面提到，同事多加自己的工作給你的例子嗎？在此，需要銘記於心的重點是，我們想當真正的好人，是要幫助對方學會對他的事情負責，要教他如何釣魚，而不是一直給他魚吃。

你該思考的面向是，我該如何給予他協助，好讓他負起自身的責任，而不是我該如何去幫他完成事情。例如：他總是要你當中間人，你可以提供的是「他可以如何去跟上司和客戶談」的想法和建議，不是直接幫他做。除了幫自己擺脫被壓榨的情況，也幫助旁人成為更有責任感的人。或者，我們生活中總是有愛打伸手牌的人，有問題懶得自己找答案，或者看使用說明書、ＳＯＰ等等，這時就需要提供方法給他，而不是答案。像是，告訴他哪裡會有更清楚的答案，學會關鍵字搜尋等，幫他更具備找尋答案的能力，也就能減輕你的負擔。

缺乏心理界限，最重要的癥結點，就是覺得許多事情都是自己的責任，容易承

擔他人的情緒和指責，只要別人開口，就是他的責任，因為他難以承受他人失望的表情，也就無法將「拒絕」說出口。

這在前面章節也探討過，群我文化中對於團體的歸屬和認可，我們並不喜歡不同的聲音，也習慣尋求關係上的和諧，因此無法明晰界限與自我的意識。但當我們可以提醒自己，我的拒絕是「拒絕這件事，並不是拒絕這個人」；他的失望是「他的要求被拒絕，他的期待落空了，並不是對我這個人失望」。就能回到對自己的相信和肯定上，避免擔心被排除在外的恐懼和擔心受到情緒綁架，失去界限。

你有選擇的自由，也有感受自己的自由

沒有建立好心理界限的人，縱使知道自己內心的感受，也無法表達出來，或是難以站穩自身立場，不懂得也無法拒絕。但其實你忽略了，你已經是成年人，你有

選擇的自由，包括感受自己的自由。當你有以下三種行為發生，就代表要正視自身情緒了：

1. 散漫：動力不如以往，過去的精力與熱情已不存在，經常感到沮喪或無力。

2. 拖延：不自覺想拖延，明明知道事情該進行，卻想要逃避或忙著其他事務。

3. 唱反調：別人要你用A方式做，你就使用B方式，刻意繞一大圈，不正面滿足對方的期待。

簡單來說，上述的反應是一個人處在壓力情境下出現的，但更精確來說，也是「被動攻擊反應」。當你主觀認為對方比自己有心理權力與地位，不想正面反抗或拒絕他時，又不能表達自己的感受，就會用散漫、拖延或唱反調的形式來反擊，使得對方跳腳。但說穿了，就是避免正面衝突的做法，卻無法達成彼此真正的渴望。

因此，你要提醒自己，感覺和情緒是用來感受，也是警醒我們是否承擔過多。

感覺的存在是避免我們身心崩潰，所以需要保護和尊重。當我們可以讓感受自由，就能跳脫被迫的局勢，為自己打造更多寬廣的可能，在人際之間也就越自在。

假使你是界限侵犯者（雖然有很多人並不認為自己是侵犯者），但對於容易侵犯他人的類型，以下幾個問題可供思考：

1. 你並不擔心跟人起衝突。

2. 你經常覺得自己權益被侵犯時，會立馬跳腳。

3. 你有時覺得自己懶，忍不住叫別人幫你做事。

如果你有上述情況，代表你可能不知不覺侵犯他人界限了。你是相對幸運的一群人，因為你很在乎自己的感覺，也曾經是感覺被重視和照顧過的人，所以懂得捍衛與守護自己的感受，進而有辦法保守界限。但要注意的是，當你並不擔心與人起衝突，有時也意味著，你不擔心傷害他人。可能對你來說，有時在關係中吵贏、讓他人順服，比起關係的和睦、大家開心來得重要多了。你有相對多的自由，可以選擇做自己想做的事，也可以自由感受自己的感受。但有時，你會忘記關懷他人，或者面臨讓你覺得有負擔和壓力的事，就習慣往外丟，讓別人去承擔你的負擔。

不過，自由並非無限制。有很多人因為太注重自己的感受，變得無法為自己的生活、財務和情緒負責，而他們總是會找到願意為他們承擔的人。因此，這些人需要設限的，是自己的自由背後那不受拘束又不夠負責的靈魂，要自己開始面對壓力和職責。

設立界限，就是表達你內心重要的感受，因為我們有自由去擁有我們真正渴望的生活與人際互動。

之所以要有感受的疆界，是為了避免我們身心崩潰，也是因為身為人，就有局限性，沒有看顧好自己的限制，損失的會是我們的健康，關係斷裂也是代價。

正視自身限制，讓愛永續

瞭解自己的有限性後，就要學會接受愛。

缺乏界限者習慣忽視自己的感受，以至於不敢麻煩他人，是因為太過自我設限，更精確地說，我稱為「思考牢籠」。這是由於他們往往認為「我不可能」、「我不值得」，以及「我沒資格」，所以不敢向外求助，也覺得自己不夠資格接受愛，收取他人對自己的付出，因此只會吸引需要他的人成為他的朋友、伴侶。

關係是互相的，有給出、有接收，他人接收你的愛，也付出愛，關係就能平衡。正常情形下，若對方沒有知覺到你接收，有時會感覺被拒絕，甚至感到虧欠，而羞於繼續待在關係裡，只有將他人付出視為理所當然者會繼續留下。

因此，學會接受愛，就需要鬆動自己的思考牢籠，告訴自己：「我付出愛，也值得被愛」。即使心中會冒出「這不可能、你不值得」這類自我設限的聲音，也允許自己讓這兩種衝突的聲音存在，像是：「我不可能被愛，而我還是可以接受愛」。

鬆動思考牢籠，才有機會跳脫總是忽視自己或被剝削的人際模式。

總結上面三個概念，由知名界限作家亨利．克勞德提出的設立界限的公式與判斷方式，其實就是**「責任」**、**「自由」**與**「愛」**，非常簡單易懂。對於角色的處境和待遇，我們都具備選擇的自由與責任。若在生活中有人越界要你做事，你有自由決定要繼續承受，還是出聲拒絕。

想像這個三角鼎立的公式，面對關係責任，我們會提到每個角色有該負的責任，但同時要在關係裡擁有自由，否則當我們成為他人的傀儡或附屬品時，欠缺的自由會令我們失去生命力，對關係的愛和付出也會崩塌。

同樣，衍伸到職場上，那份愛，除了是與同事的連結和付出之外，也包含了自己對職涯的付出與熱誠。當我們沒有謹慎看顧界限的三元素，遭殃的不只是我們職場生活，更波及整體職涯，會讓我們不斷對某一行、某一個領域倦怠。

我舉個例子，你們就更能理解這三角鼎立與扁平的概念。

Sandy 與弟弟同住，她來自重男輕女的家庭，經常家事由女生承擔，男生什麼都不用做。Sandy覺得負擔很重，除了工作外，一回家就得煮飯、洗衣。弟弟從小被姐姐這麼照顧，所以都視為理所當然。朋友都替Sandy覺得不平，直到某日，Sandy得了急性肺炎，在醫院躺了六天，她才終於意識到，自己的生活有多失衡。

Sandy在家中責任過大，失去自己時間的自由，經常煩惱和憂慮，讓她就算看到弟弟在客廳滑手機，都一陣厭惡，怨恨那小時候可愛的小男孩，如今增加她很多負擔，卻無法開口要求弟弟擔負家事。生病之後，她痛下決心，一定要在家中立下規矩，不再整理弟弟的房間和衣物，如果弟弟在共用空間使亂，就不煮飯。

Sandy的決心已經因為疾病虛弱後，弟弟終於開始負擔生活的責任，雖然偶爾依舊散漫，但不再全都丟給Sandy做。當Sandy的生活有更多自由的時間和精力時，也覺得和弟弟一起生活沒有這麼痛苦，看見弟弟也仍像看到小時候那個黏著她的小男孩了。

所以，讀者在各式的情境中，可運用界限三角的概念，為自己為關係設界限。

接下來，我們進一步探討，究竟界限可以用什麼步驟來實踐。

我們分成兩種角色來探討，通常界限被侵犯者的痛苦指數較高，而侵犯者侵犯他人界限，是關係中的既得利益者，但久而久之也有可能因為人際斷裂而產生痛苦。心理學家阿德勒（Adler）說過，所有煩惱都是人際關係的問題，正是如此。

關於「被侵犯者」，我提供了建立界限四步驟，幫助讀者更明確瞭解遭遇侵犯時，可以怎麼為自己解套。

步驟一：釐清責任

相信不論是透過卡普曼三角形，拯救者、受害者與加害者的心理遊戲，以及本節當中的界限公式，讀者都能理解到，每個人都該為自己的人生負起責任，不管是財務或情緒。最常見的例子是，被侵犯者身邊都有一個依賴者，不管是在情緒上依賴，還是財務上依賴。這裡舉一個財務依賴的例子，協助讀者理解。

Kiki 是家中的長姐，從小就被交代要照顧妹妹，也常把妹妹的事當自己的事。她來參加我的界限課程，跟我說到，有一陣子她沒工作在家休息，但妹妹三不五時就貼網拍的連結給她，說有雙好看的靴子好喜歡。Kiki一聽就知道妹妹在對自己撒嬌，要Kiki買了送給她，可是妹妹有工作，而Kiki基本上就是在啃老本，又想著未來要繼續念書的資金就這樣一直減少，不停擔憂。

Kiki在這裡該意識到的，是妹妹該為自己生活承擔的責任。妹妹的依賴性，以及姐姐一直給予照顧，會成了一種支持的力量——支持妹妹繼續依賴下去，無法真正長大，照顧好自己生活大小事。

但有時，即使我們理智上知道不該這麼做，情緒上卻無法克制，陷入舊有模式，這就需要來到下個步驟。

步驟二：向內徵詢，敏察情緒

我通常會於課堂上找另一個人來扮演界限被侵犯者內心的孩子，讓另一個人感受他內心真實的感受，說出來讓當事者知道，這是一個很重要的角色扮演，提供借鏡的功能，讓當事人可以更深刻體會自己的內在狀態。

我們太習慣處在沒有覺知和感受的狀態，忽略內心的聲音。但當透過他人的扮演來說出內在聲音時，除了對當事者來說是震撼，也帶來覺察和療癒。因此，對於多數剛練習設界限的人來說，透過他人反饋感受，拓展自己在情緒上的覺知，能幫助自己明確界限。

在這個步驟，你可以想像心中有個孩子，或者想像童年的自己，在經歷這件事時，會出現何種反應。你可以透過這樣的引導語對自己說話：「嗨，小朋友，我想問問，你現在的心情和感受，你可以讓我知道你想怎麼做嗎？」

缺乏界限者通常無法專注於自身感受，因此透過問話拉回自己，也許你會聽見身上的委屈和不耐煩，在向內徵詢的過程中，肯定也尊重自己的情緒。

就拿Kiki的例子，當她向內詢問內心的孩子時，就感受到一陣無奈和傷心，她才看到過往不斷花心思照顧妹妹的原因，是想要獲得父母的肯定，卻一直到長大了還被制約。而難受的是，這些照顧都被家人視為理所當然。所以，當Kiki再一次詢問自己，想要怎麼做時，她聽到內心說，她好羨慕妹妹可以這樣享受生活，但也氣妹妹沒有負起自己該負的責任。

當我跟 Kiki 一起探討，她坦承，這些話在自己心中反覆出現，但她都努力壓抑自己，才發現原來壓抑導致失去界限。

在清楚內在聲音後，就到了下個步驟。

步驟三：說出內心感受

這一步驟的困難是由於我們總是有很多顧忌，包括對界限的迷思，害怕說出來會讓人覺得不合群、失去關係或破壞和諧等等，或者是因為自我不夠堅定，容易被說服、擔憂自己太自私等等，都是原因。所以在說出內心感受前，可以對內在多些安撫和肯定。

以 Kiki 的例子來看，可以說：「我知道你跟妹妹畫界限很不習慣，也一定感覺擔心，不希望妹妹不喜歡你，我在這裡，我肯定你的想法和感受，我陪著你一起把它說出來。」

恐懼不安時，最需要的是感覺受到支持，以及有所連結。若我們缺乏支持和連結，就會依賴關係，也失去界限。當我們願意與自己深刻連結，就能更好地設置界限。所以，只要Kiki感受到內心的支持，就可以更有力量去面對關係，畫下界限。但這裡，要注意的是，並非一味拒絕，而是讓對方理解我們的立場，同時也告訴對方，我們所期待的關係模式。

你可以嘗試以下這五種句型來表達：

1. 同理感受：「我知道你」現在很著急……

2. 重視關係：「我很重視你／在乎你」，因為你是我唯一的妹妹。

3. 說出界限：「我不能給你／幫你」做的，是一直給你金錢，讓你買你想要的東西。

4. 給出資源和支持：「我可以提供你／協助你」規劃跟思考你的生活費如何花用。

5. 期許關係：「我希望我們」一直都是可以互相支援的姐妹，我可以陪你、聽你說話，但如果經常要我出錢幫你買東西，我會覺得很有負擔。

很多人不喜歡被拒絕，其實也是害怕被排除在外，以及陷入孤立無援的狀態。而我們設界限的目的，是希望關係往更健康、平等的方向前進，同時讓對方感覺我們的支持。即便支持形式不如對方預期，透過以上這五個句型，可以幫助降低關係的緊繃和張力。

但我們在面對具有更強烈破壞性的關係互動時，例如，伴侶酗酒和貶低等行為，就需要來到第四步驟了。在說出感受後，要做到邀請與警告。

步驟四：邀請與警告

在前述提到，需要設限的伴侶類型中，關係中的暴力和成癮性行為者，都需要設界限。而預警則是提醒對方，若再有下一次的破壞行為發生，就要採取行動。

Cindy 和男友都有小酌的習慣，但有時男友會因為工作不順心就喝特別多，一旦喝超過就發酒瘋，亂踢桌子、咆哮，甚至指使 Cindy 幫他買更多的酒。後來，Cindy 再也受不了，因為男友的行徑已經影響到 Cindy 對他的尊重和愛，也懷疑自己的未來是否要繼續跟他生活在一起。

在瞭解界限的概念後，Cindy 在一次男友酒醒後告訴他：「我知道有時候你心煩想喝酒，我們都喜歡小酌一杯的感受。你也明白，我很在乎你也很在乎我們的關係。但是，我們關係中有太多酒精，已經影響到我對你的感覺。每次你喝多了就會失控，我很擔心。我希望我可以多瞭解你，陪你度過心情不好的狀態，而不是一直喝酒，這樣不僅傷害你的身體，也傷害我們的關係。」

6. 邀請：「所以，我希望，當你下次又有強烈的喝酒欲望時，可以讓我知道，我願意陪你一起。」

7. 預警：「但如果你不願意，還是一樣喝到醉。那我就必須跟你分開一陣子，

因為我沒辦法接受我們的關係持續被傷害。」

邀請對方，讓對方知道我們願意支持他，也提醒他，關係到了需要調整跟改變的時候，需要讓對方有心理準備，同時也適應不同的相處方式，因此需要給予耐心。有時候，很難做到一次到位，但如果對方願意調整，開始吐露心聲，並降低飲酒量，要願意給對方正向增強的機會，讓對方在關係中獲得肯定，就強化關係界限和改變的可能性了。

接著，最後一個步驟，也是最重要的步驟。

步驟五：徹底執行

很多人無法設立界限成功，除了得過且過，經常睜一隻眼閉一隻眼之外，有時候是因為自己心軟或捨不得，導致關係的問題一直困擾著彼此。我們要醒悟的是，**界限其實還是要限制自己，也就是限制自己再投入、再依賴關係。有太多人依賴於**

在關係中被需要、被認可的需求，而無法真正設限，因此最後一道防線基本上就是——針對自己。

就如Cindy的例子，當男友再次發酒瘋時，就需要離開與男友共同居住的空間，並且給彼此冷靜期。在這當中，不要有任何來往和互動，因為當互動產生，原本的情感依賴模式會照舊。對男友而言就不會有任何差別，他並沒有體會到，失去關係的可能景象和體驗，也就不會有「關係需要調整」的危機感，反而知道自己更握有權力，即使不改掉壞習慣，對方也會繼續忍受。

所以當Cindy要徹底執行，離開男友一陣子時，內心一定會面臨惶恐跟不確定性，這時身旁的支持系統就顯得重要。Cindy也要練習求助於身旁的人，讓身旁的朋友或家人，可以正面肯定Cindy的行為和方式，陪伴她度過孤單無助、其實非常勇敢的設限過程，幫助Cindy獲得更健康平等的親密關係。

倘若你是界限侵犯者，在設立界限這個區塊，已經不再是守護自己的界限，是如何更尊重他人界限。當你有能力保護和尊重彼此的界限，才能打造平等又持續的關係，不會經常為了要贏得面子、輸了關係。

界限侵犯者因為主動、大膽，也敢索取，與人建立關係向來並不困難。他人會因為你的靠近而與你友好，但困難在於維繫關係，以及真正建立平等互惠的關係，而不是索取者與供應者的失衡關係，或者父母與孩子這類照顧與被照顧的傾斜，甚至有階層的關係。

我特愛買鞋子，曾經在一次逛鞋店時遇到一個女孩，她因為好奇就跟我聊天，知道我是心理師後，就問我：「我經常覺得我是不是不該活在地球上？」她感覺自己格格不入，但初次見面，我感覺她很可愛，笑容很甜美，我便回問她：「跟朋友是這樣。那跟家人呢？」她立刻說：「不會！我父母都很疼我，對我很好」

我聽了她的回答就意識到，這是個在家中受寵的小公主，在人際中也複製了家中的模式，導致身旁的朋友一個個離開她，讓她很挫敗，明明在家可以使喚父母，又耍賴，怎麼在朋友圈裡不行呢？如今她已經三十歲，行為卻還像個青少女。我知道對這樣的女孩，不能太直接告誡她，即使她很想知道我的建議，我只告訴她：「你要記得，你是獨特的，別人也是如此。」

對於界限侵犯者，提供以下三步驟來尊重他人界限：

第一步：穿別人的鞋子

避免將感受和知覺只集中在自己身上，而是願意分出去，看見他人的感受，並且練習感同身受。好比說，當我現在對他說這些話、做這件事時，要是我也被這樣對待，又有何感受？

當你認可別人的感覺是真實的，以及別人的感受也是感受時，才能有意識地保護他人的界限，而不是無盡的索求、侵犯。

第二步：願意連結和關心他人

有時你要問問自己，會不會有高人一等的感受？或者覺得人際關係很麻煩？當你真想翻轉自己的人際，就需要從索取與理所當然的狀態學會轉換，練習主動付出和關懷，並且知覺任何在你身邊存在的關係，都是得來不易，可以經年累月地被你索取，還願意留下來，更應該懂得珍惜與保護。你的關懷可以為身旁的人注入滋養的暖流，讓他們更能持續與平衡的保持關係。

第三步：你很獨特，別人也是

自我中心的人會覺得自己的獨特，像是一幅圖像中自己是彩色的，其他人是黑白的，因此很難真正將他人視為一個獨特個體，看到他人的優秀會嫉妒、不以為然，接受他人的好處也視為理所當然，期待經常被眾星拱月，但沒有被如此對待時，會極為失落且憤世嫉俗。

當你願意付予他人在你圖像中的色彩時，你的生命才有機會真正多采多姿。因為他人跟你一樣，是世界唯一的個體，也是爸媽的寶貝，值得被捧在手心上珍視。

因此界限侵犯者們，如果你知道心中那份深層的孤單，那就讓自己的這座孤島與他人有聯繫吧！才不會在孤立和失聯中，又自我感覺良好地安慰自己：「自己很棒，是別人不懂！」卻發現，世界上沒有人懂你或願意懂你，就如同你不願意懂別人一樣。

放開自我中心，向外拓展注意力和感受力，去連結也去尊重他人。如此，你就能遇見新世界。

Part Five

建立界限之後，
成為自己生命的主宰

5/1

自我療癒與茁壯

避免對界限的誤用與誤解

有一次在上人際界限課程時，有學員問我：「老師，你一直說內在感受很重要，也一直提到要向內詢問，那如果另一半經常說：『你杯子不要這樣放，襪子不要放這裡，你這麼做我非常難受，如果你持續這樣傷害我，我就跟你分開』這樣像是設立界限的話，是正確的嗎？」

是的，它看起來像是設界限，也的確是表達自己的感受和需求，但你會發現，這更像是控制和權力的爭鬥。

好多年前一個知名廣告金句：「只要我喜歡，有什麼不可以」引發熱議，原因在於，很多時候我們的喜歡是構築在他人痛苦上。**而這種不在乎也不理解他人狀態和感受的界限聲明，就是誤用界限，等同於你想有界限的自由，卻將他人關入界限的牢籠中，只能聽任你擺佈。**

有許多自我中心的人，特別愛用界限為由來表達自己的感受，卻將自己與他人碰撞的一身是傷。而如何避免誤解界限，也避免進入界限的誤區，以下有兩種界限誤用的思維，是必須瞭解的：

1. 界限是為了親密，而非疏離

在我們自我成長的過程中，經常會有這樣的歷程——從缺乏自我，到擁有自我。缺失界限往往是發生在前期缺乏自我的狀態。當個人成長幫助我們理解我是誰與不是誰之後，最容易發生的極端現象，就是過度保護自我感受。

因此，自我狀態會發展成位在光譜的兩端，不是「缺乏自我」，就是「自我膨脹」。當看見自我時，容易因為對自己過度憐憫和疼惜，而不自覺在人際相處中，放大自己過往的受害經驗，不允許自己再次受害；過度重視和捍衛自己的感受，則容不下關係中任何一丁點意見相左。

然而，前面提過，設立界限是以關係為前提，在前述提到的例子裡，很愛在家中設立規矩的人，往往是家中權力最大的人。而規矩越多的家庭也可想像家人之間的關係相對是疏離的。

所以，若你是關係中那個規矩很多的人、覺得他人應該環繞自己轉、經常覺得對方讓你失控的人，要特別注意了。你正在將對方推遠，關係逐漸邁向疏離，因為你在關係中創造了許多恐懼和擔心，讓其他人無法坦然與你互動，深怕踩到你的地雷，或違反你的規矩，而無法自在相處。

如果你有上述情況，當你又感覺不舒服，想要設規矩時，請停下來思考：

- **對方發生什麼事了？**
- **我如何跟對方達成共識？什麼樣的情形我可以接受？還是我都無法接受？**

關係要是成了一言堂，便無任何溝通的空間和價值，而趨向疏離和冰冷了。

當然，我相信你會說：「不可能啊！你都不知道，如果我不管他，叫他東西不要亂放，我們家會亂到什麼地步啊！」

假如是這樣的情境，請回到上述的兩個問題，你會發現，對伴侶而言，東西亂放是從小就養成的習慣，但家的環境確實是需要共同維持。而你對此是否能夠讓步呢？對你而言的共識，是只要對方不亂就好呢？還是，對方只要部分亂就行？

很多伴侶都有這種生活習慣的困擾，不過既然決定要生活在一起，就得接納對方身上某部分的習性，並非一味要求對方配合。適當地讓對方在家中某塊領域，擁有最自在的展現。因此在共識上，便能要求對方也許在自己的書房或衣櫃可以無止境地髒亂，但你絕對不能干涉，我們依舊要幫對方保有在家中一塊是他感覺安心自在的區域。

當彼此認可這個規範，才是真正的家庭規則，也真正為彼此關係設界限了。

2. 界限是為了負責，而非逃避責任

非常多人來跟我抱怨，婚前婚後伴侶對待他的方式差很多。婚前很殷勤，婚後像是變了一個人。但男女生理結構本身就大不相同，多數男性在情感穩定之後，就會開始更多事業與成就的追尋；女性則在情感穩定後，就會下意識地對關係有更多付出。在許多抑鬱症的研究中也發現，男性容易因為缺乏成就而抑鬱，女性則容易因為關係不睦而抑鬱。這般性別差異性，也導致許多男女在關係相處上有困擾。

舉例來說：男友婚前答應每天會陪女友看劇聊天，相處一陣子後，男友工作轉換變得忙碌，陪伴的時間越來越少，女友開始感到不滿，變得咄咄逼人，男友也因此逐漸避免見面。

當關係離開熱戀期，進入穩定期，就考驗著伴侶彼此調適和共同成長的能力。有非常多女性在關係裡感到孤單和失落，因為男友前期關係的投入，滿足內在許多需求和渴望，在習以為常後，面臨關係的改變和相處型態的調整，容易適應不良而產生爭執和埋怨。

女友在學了界限之後說：「我不喜歡你之前答應我會照顧我，現在卻經常說很忙、沒時間，打破承諾這件事讓我很受傷，我希望我們可以像從前一樣相處。」但其實以往的相處模式很難再實現了，男友也不知如何回應女友的失望。而且，這樣的設限形式，只有要求另一半變回過往的樣子，繼續付出與履行承諾，卻無法顧及到對方的改變與為什麼會改變，同時也沒有意識到，自己可能將過多的自我照顧責任丟到對方身上，要求對方繼續承擔。

所謂「對關係負責」，是去討論你所觀察到的、關係上的改變，你關心也憂慮另一半，而非只要求對方維持一樣的模式。因為隨著時間，關係與社會成就會成長，個人也要隨之成長。

因此，正確的設限談的是，關係如何鞏固與親密，而不是談你個人怎麼獲得照顧。設限的正確方法是：「我覺得我們的關係跟之前不同了，我有點擔心，害怕你不像之前那樣愛我，少了你的陪伴讓我有點不安。我們可以怎麼調整相處的方式呢？」著眼於關係，而非個人；邀請對方討論，而不是下結論、決策，或直接要求，才是真正為關係負責的表現。

3. 建立了界限卻形同虛設

※ 界限需要走出自己的舒適圈，避免相互依賴

設立界限有時會讓我們得到尊重與自由，卻同時會讓我們失去某些熟悉的事物，例如經濟上的支持。我曾經有一位案主二十多歲，也工作了幾年，便回到家鄉幫家族工作，父親給了他高於市價許多的薪資，卻一直操控又貶低他，一方面嫌棄他為家裡帶入的業務不夠，一面又說以他的資歷根本拿不到這麼高的薪水，卻在他有新提案時，不斷打槍他。

我帶他設立界限時，他始終有困難又抗拒，因為他不想要離開這樣奢華的生活模式，以及父親給他副總經理的頭銜，還讓他出入開名車。他也試著與父親好好談，並要求設限。幾次痛哭下來，父親的確有所軟化，但過沒多久父親一家之主的架勢又出現，該名案主也束手無策。

當你無法走出自己的舒適圈，相信自己的能力可以找到更能讓你展現長才的工作，就只能困在水深火熱的場域，又同時是帶給你舒服享受的舒適圈裡，無法爭取你真正渴望的生活和關係模式。

※界限需要保持一致性，而非時有時無

設立界限時，我們有個慣性，就是覺得對方改變了或溫和了，就覺得不需過度在乎界限，卻會醞釀出下一場爭吵的委屈和憤怒的能量。這個現象於有暴力傾向者或不負責任的大寶寶伴侶身上特別容易看見，例如：當你對伴侶設限的是，不能再用言語貶低你，好一段時間伴侶都做到了，而你也感受得到他有時候忍不住要犯時，努力維持自己。但過一陣子後，對方原本的壞習性又回來，你卻告訴自己，他不過是最近壓力太大了，還是讓他宣洩一下，至少他肯努力了。以上這種心境，是在暴力伴侶之間與大寶寶伴侶很常見的。

因為設限者自己又想去當照顧者的這項需求，會在設限時出現失落感，便難以

保持界限的一致性。加上自己也在設限過程裡，想要透過舊有模式來汲取需求的滿足。所以，要堅守的依舊是自己的需求，讓界限的設立可以完整且持續，也讓愛能夠平衡且延續。

※界限是討論的過程，而非單方面告知

界限設立是個循序漸進且持續不間斷的過程，但許多人乍聽界限的概念過後，就著急地設限，導致關係更為僵化。例如：你不喜歡伴侶酒後鬧事、發酒瘋，但這幾個月相處你並沒有明確與他溝通，一直到昨天你發出警告，如果他再這樣喝酒鬧事，你跟孩子就要搬出去住。先生聽了錯愕又氣憤，於是今天又酗酒。你心想，既然要堅持界限，就帶著孩子先住到朋友家，結果搞得大家都很尷尬。

面對陳年難忍的舊習，**需要給對方改變的時間，並且不斷邀請和預警**，而非事情到忍無可忍時才強勢要求。任何行為上的改變和模式的調整，都要給對方足夠的心理緩衝。當步調邁得過大，要求對方從酗酒到戒酒，或從混亂到立刻整齊，便會

引發強烈的無力和挫敗感，導致對方在改變上的心理陰影，日後就更難調整彼此的相處方式。

讓界限真正被落實在生活裡，也需要避免以界限之名，行控制之實，這樣才能創造出親密又獨立的關係。

關於思考牢籠的補充

這個觀念我學習自陳志恆心理師，同時也是NLP高階訓練師的他認為，思考牢籠，也就是自我挫敗信念有三個面向：「我沒有可能」、「我沒有資格」、「我沒有能力」。

這三個思考牢籠會衍生出許多情緒困擾，很有可能是你在成長過程中被忽略過，或者你在過往的學校、職場經驗有過挫折的失落，讓你不自覺地為自身能力下了結論。這些結論用語言表達出來，便成了「信念」——那些你對自己的相信，成為思考牢籠。

以職場為例，包括在職場裡的自己、他人，以及對職場本身，你都會創造出一些信念，而阻礙自己追求成功與充滿成就且自我實現的過程。像是：

「一定是我很糟，才會做這份工作！」——對自己。

「同事和上司都不好搞，小心為妙，不要輕易相信任何人！」——對他人。

「職場真的好危險，要不是得糊口飯吃，還真不想面對！」——對職場本身。

即使你知道，你是個成人也是個獨立個體，某些想法其實已經落伍。在多少人都在追求志業的時代裡，你還覺得可以混口飯吃就好，無法真正看見自己的能力，卻沒注意到，其實是你用自己的信念將自己關進監牢裡。

雖然，某種程度上，它在你被欺負或不得志的日子裡，安慰你的心靈，卻在你逐漸恢復和平順時，讓你每況愈下。因此，透過改寫信念，我們可以幫助自己面對思考牢籠，但並非將原本的思考牢籠就此移除，而是透過「同在模式」幫助自己擁有新觀點，讓正向的想法與挫敗的想法同時存在。

你要做的是練習「同在」的語言模式，亦即「我可以……；同時，我也可以……」。例句如下：

「我可以，相信我是很糟糕的；同時，我也可以，相信我是很有價值的。」

「我可以，允許自己不相信同事與上司；同時，我也可以，允許自己相信同事

與上司。」

「我可以，感受到職場是陰險的；同時，我也可以，感受到職場是有溫暖的。」

（以下，也邀請你試著照樣造句）

我們不是要找一個看似正面，但連自己都很難接受的信念去取代原本的思考牢籠，是要允許兩種狀態同時存在。當允許同在時，僵固的思考牢籠便會開始鬆動；當你變得更有彈性，也較能夠擁有繼續向前、面對職場的挑戰與機會的勇氣了！

5/2

修復受傷的自我，幫自己療癒

前面的章節不斷提及，建立界限的步驟和判斷，非常仰賴我們對自身感受的覺知。我們身而為人被賦予的感受和思維能力，其實是一項禮物，幫助我們成為一個獨特的個體，最終能因為活出自我的獨特性，為社會帶來巨大的貢獻。但可惜的是，太多齊頭式教育也教養出必須存在的統一性，壓抑我們長成「自己」。為了好管教，我們的思想和情緒就失去防守能力。

其實界限的建立，就是一種自我分化的過程，瞭解你跟我的差異性，清楚我可以不被你影響。但當我們自我不健全，就需要依附他人的看法，容易受他人的自我意識搖擺，分不清楚自己的感受而痛苦不堪。所以，自我的完整性，在界限的建立裡相當重要。

在這節，我會分別介紹三種練習：自我療癒練習、自我肯定練習與自我疼惜練習，並分別搭配冥想音檔，讓讀者可以帶著自己更深層地接近自我，讓自我的完整不再隨意受到侵擾。

自我療癒練習：擁抱內在小孩

首先來分享一個實務上我經常遇到的例子。

小葉來見我是因為他深感自己很容易受到他人影響。每次跟主管和資深同事對談，甚至跟客戶溝通時，都很容易緊張。當對方的表情一不對，她就充滿焦慮，忘記自己的專業判斷，腦中一片空白，接著就接收到他們更為失望的神情。在慌亂無奈之下，她會開始討好與聽話，照著別人的意思走，只求趕快過關。她也看到了自身的盲點，每次一緊張，就失去自我，她一直在追尋的，就是事情或專案可以安全過關，把事情做完，根本沒有能力追求卓越，把事情做好。

小葉就是一個缺乏自我、容易受人影響，無法保持人際界限和專業界限，還被情緒強烈影響到感覺自己距離成功非常遙遠。

那麼，為什麼小葉無法堅定建立界限的意志呢？

這就要回溯到她小時候的故事了。身為小葉主要照顧者的媽媽是家庭主婦，情緒起伏劇烈，而她又是家裡唯一的小孩。有一次，她拿了一張考了九十五分考卷回家，媽媽生氣地質問小葉，為什麼沒有拿到一百分？就把她痛打一頓。小葉什麼話也說不出口，因為怎麼回答都不對。為了保護自己，也為了不讓媽媽更生氣，只能聽話，不能有所反抗，而自我的界限也隨之被破壞。就是這樣的經驗帶給她深刻的負向連結，當有長輩或權威者問他問題時，都容易引發她小時候的慌張感，下意識地感覺自己不管怎麼說、怎麼做都沒用，就任人宰割的那種無助感。其實是焦慮令她退回小時候的狀態，無力抵抗，逐漸形成對權威的懼怕。

親愛的，有沒有特別發現自己對於某一類人，無法堅定地擁有界限呢？

這往往跟我們童年成長的傷痛所產生的負向連結，有很大的關連。在成長中，孩子的自我還在形塑階段，當某些事件重複發生，就會導致我們人格發展裡，對自我有強烈的質疑，因為外在世界會影響我們對內在自我的看法，自我的看法也連帶影響我們對自己的信念。就像小葉經常覺得：「我怎麼做都沒用，乾脆放棄，閉嘴好了」無力為自己辯駁什麼。

可是，當我們要為自己堅定地建立界限，就得修復受傷的自我，幫自己療癒，為自己找到傷痛點，好好療癒它。這當中會面臨到最直接的阻礙，很多人會認為要去療癒，不就等於在指責父母對我們的傷害，評論父母的是非嗎？

讓我們來看看，以下三個步驟，循序漸進地幫助讀者擺脫這樣的思考。

第一步：承認傷痛

很多人會感到窒礙難行，批評心理學都在責怪父母，但其實並沒有這樣的意思。如果父母有機會學，他一定會想要好好愛孩子。不過，可惜的是，很多父母也沒有被好好愛過，所以他們只能用自己的方式去愛孩子，使我們不斷承襲家庭傷痛的印記。

在前面提到的毒性教條中，米勒就說到：「當你否認了你所受到的傷害，會導致我們以同樣的方式去傷害下一代」。

第二步：去除「三化」

在童年，我們經驗傷痛時，會產生認知失調，也就是父母用這樣的方式對待我，並不是不愛我，是因為某些不得以原因，讓他們不得以做出傷害或忽略孩子的行為。而孩子為了降低內心不被父母喜愛與避免被父母遺棄的恐懼，會在自己的腦袋裡開始辯解父母的行為。因此，有三種情形是孩子受傷後的常見反應：

A. 神化

當孩子被父母忽略時，在心中編織出父母的各種神奇故事，覺得父母一定為了拯救世人，所以必須忽略自己，有更大的社會任務在身，因此不關心我也是出於無奈。

B. 合理化

當孩子被父母毆打、言語虐待或貶低時，有時會因為無法解釋而合理化父母的行為。例如，最常聽見的是：「打是情，罵是愛」，弱化內心的傷痛。

C. 隱形化

當父母因為過於忙碌、或無力安撫孩子，會要求孩子收斂自己的情緒，或打罵有情緒、有需求的孩子，讓孩子學會隱藏自己的感受，以博取父母的認同。

因此，看見這三種行為在我們身上發生，當我們去除這「三化」的影響，正視內心的感受，才有機會療癒自己，找回內在力量。否則，我們內心就會飽受他人界限的侵犯，並不斷受困於小時候被傷害與無助的感受中，陷入反覆自責跟怨恨自己的負向循環。

當我們願意好好看見，原來自己過去一直在合理化父母的行為，他們會如此對待自己並不是自己不夠好，是由於他們傳承自上一代的傷害。願意承認自己身上的傷痛，才能正視三化對我們的影響。

所以在小葉的例子裡，她雖然會說，因為媽媽求好心切，才會這樣處罰她，但當小葉願意正視小時候的恐懼和害怕，也承認母親的行為讓她承受痛苦，她才能真正為自己起身行動，修正總是面對權威者便感到害怕，喪失界限的狀態。

而如何在看見傷痛後，幫自己在後續同樣的場景，找回設立界限的力量呢？我們要做的，就是讓自己回到小時候受傷的場景，去修正受傷的經驗，成為保護自己的人。

第三步：療癒內在小孩

關於療癒內在小孩的方式，我在上一本著作《做自己最好的陪伴》中有許多描述。

在小葉的故事裡，她想到小時候，每個月都會發生媽媽嚴厲管教她的經驗。療癒內在小孩時，我帶她回到小時候住的房間，她描述自己坐在書桌前，背對房著門，媽媽隨時會探頭進來看看。當小葉沒考好，一定得在書桌前正襟危坐。我陪著她花了好一段時間，才讓意識狀態進到小時候的房間，對她而言那是充滿驚嚇與焦慮的空間。一開始，她知道她就是那個小女孩，卻無法正視她。最後才有辦法慢慢靠近，然後呼喚她的名字。

就是因為這種羞愧、痛苦的感覺，會讓我們內在小孩給遺忘，想碰觸也接近不了。最後，她終於有辦法將手搭在小女孩肩上，卻什麼話也說不出口。這在一開始的探索是很正常的，因為情緒太過強烈。但當小葉鼓起勇氣去接近她，告訴小女孩，沒關係，有任何的狀況都是可以的，她就真正幫助自己從焦躁裡長出自我穩定的力量。

當小葉接觸內在小孩，就於焦慮的情境中，產生修正經驗，不再全是驚嚇、恐慌與害怕，而是安撫和支持。

我們若體驗過修正經驗，再次遇到相似的場景，就能使用修正經驗覆蓋掉，小時候總是驚慌的經驗。一旦我們穩定了，不再被情緒左右，便有辦法恢復理智，看清楚自己和他人，從而設立界限。

小葉獲得修正經驗後，我讓她再度回到會議室時，她的主觀知覺也跟著改變。突然間，她覺得她的上司跟客戶變得跟她一樣大。也就是說，她原本是以小女孩看大人的巨大差距，猛地覺得自己與對方是一樣的。她也才真正體驗自己不再受困於小時候的感受，體驗到自己是個成人，有力量做出理智的決定。

當我們療癒過往的自己，接下來可進一步幫助自己練習自我肯定，更加全面性地強化自我，也更多元地接納自我。

下頁起的冥想指導語皆附有 QR CODE，建議搭配聆聽。

療癒內在小孩冥想引導

深呼吸……吐氣……再呼吸……吐氣
每一次的呼吸　都讓你自己更放鬆　更輕鬆
每一次的呼吸　都讓自己更自在　更安在

放鬆　你的身體
放開　你的思緒
輕鬆了　自在了

想像你的頭頂有一道光線
從你的頭部　輕輕地　向下移動
光線所到的地方　你感覺無比地輕鬆　放鬆
光線像掃描一樣　來到你的臉部　脖子　肩膀
緩慢地向下移動　到你的手臂　胸口　到你的腹部　腰部　臀部
再慢慢來到你的大腿　膝蓋　小腿　一直到你的腳掌　腳尖

你感覺光的掃描　從頭到腳
你感覺無比地放鬆　輕鬆
現在　想像自己走在一條黑暗的道路上
你踩著堅定平穩的步伐　一步一步向前走
身旁黑壓壓的一片　你依舊感覺安心　信心
你就是向前走
遠遠地　你看到遠方有一絲光芒
你循著　這道光芒慢慢地走了過去
走著走著　你縱身一跳　穿越了光束　來到了另外一個世界
你看著你周遭　你看著這充滿光芒的世界裡
遠遠地　你看見了小時候的自己
你就是遠遠地端詳著他
他的頭髮　他的表情　他的五官　他的穿著
你細細地看著他

這時　你看見身旁的大人　你仔細地觀察著大人與小孩的互動
你看著　小孩臉上表情細微的變化　你都看見了
你看見　他們正在發生的事情　你都知道了
遠遠地　你看著他們的互動
這時候　你看見大人的身影逐漸變得模糊　變淡　變淡了
慢慢地　大人的身影　消失在你的視線當中
只剩下你　和小時候的自己
你看著小時候的自己
慢慢地朝他走了過去
走著走著　你循著他的高度　慢慢地蹲了下來
你都看見了　你都知道了
你知道孩子身上發生的事情
你瞭解孩子的心情
你瞭解他所有所有的感受

孩子看著你　你看著孩子
現在　你可以對孩子說任何你想要說的話
你看著孩子　在你說話的過程裡　臉上細微的表情變化
你心裡頭　有好多好多的感受
現在　你可以對孩子做任何你想要做的事情
在你做完之後　你依舊看著孩子
你的眼神充滿了理解　充滿了關懷　也充滿了心疼
因為你是最清楚孩子身上發生的事情
你牽著孩子的手　慢慢地站起身
你告訴孩子　你要帶著他　一起離開
你告訴孩子　你想要給予他　更好更棒的生活
你也告訴孩子　你想要一直陪伴著他
孩子回握你的手　似乎在告訴你的　是我一直在等待這一刻
你牽起他的手　慢慢地退出光亮

退回了黑暗的步道中
你們一起走著　有說有笑地走著
在回來的路上　你牽著他的小手
感覺他慢慢地在你的手中縮小了
越來越小　越來越小
小到只有你手掌心般的大小
好小好小
你將你的手　慢慢地放到胸口
你跟孩子永遠地在一起了
孩子永遠在你心裡了

好
當你準備好了
你可以慢慢地張開眼睛　回到這裡來

自我肯定練習：對不夠好的自己微笑

找到一個想要肯定的東西，一句肯定句，對自己把它說出來。

以我自己為例，當我對自己說：「我是個擁有成就，而且認真工作的人」，然後觀察及感受內心升起的想法，這時我就會覺得羞愧，因為我印象深刻，小時候的座右銘是「業精於勤，荒於嬉」，回想起來，也不懂小時候在早熟什麼。

但我現在告訴自己，我是對工作非常投入的人，這時就要觀察內心升起什麼樣的感覺。往往我們內在是否定自己這些正向表述的，而照應到內心對自我的否定。

當你說出下一句肯定句，你自我否定、自我批評會立刻衝上來，就如同我會覺得對自己的肯定讓我羞愧，因為我明明又賴床，還敢說自己認真。但這時，我們要對待自己的方式，就是溫柔的微笑，肯定與接納。也就是面對負面感受，只要溫柔地笑笑，抱抱自己說：「是的，我會賴床，我還是對工作很投入的」。沒錯！這兩項存在並不衝突，是我的思想讓它衝突，因為我不允許自己的行為，我的迷思是工作認真的人，都是早睡早起。

在自我肯定的過程中，會面臨到心裡許多的黑暗面、陰影、自我批評。但重要的是，當它出現時，你也允許它存在。

自我否定其實是我們內在程式，非常僵化且非常強壯，可當你這句肯定句進來時，它就像是病毒，開始去破壞原本僵化的結構，慢慢有一天成為你腦波裡的思維結構就會被改變了。

前面說的是自我肯定過程中的自我批評，現在來說說陰影。

當我想對自己說：「我為我生命的樣貌感到驕傲」。這是自我肯定句。但我想起小時候為了求好心切而作弊，我感覺很羞愧。此時，又開始質疑起自己，生命歷程的生命樣貌有什麼值得驕傲？

這時，內在陰影與黑暗，見不得光的記憶衝上來，你會發現，我們無法自我肯定，是因為當我們想肯定自己時，會有大量負面和陰暗的情緒與記憶浮現，阻礙我們真實地喜歡自己。

而我們需要用同樣的手法對待自己，「溫柔地微笑與同在」，就是——我允許、我承認我有羞愧的想法或感受，我擁抱我的羞愧，對自己微笑。是啊！我作弊好令人羞愧，但沒有關係，它是我生命裡的一部分，我生命依舊是豐富的，所以我為自己的生命樣貌感到驕傲。

其實，所謂「肯定自己的否定」，最終重要的是，肯定自己原本認為「不好」的部分。當你願意承認自己的生命、你成長的經驗，或者任何你感到不光彩的過去（可能是父母離異，甚至年紀很小就有手足過世，都會帶來生命裡的陰影或汙點。而這常成為我們否定自己，連帶拒絕自身感受的緣由），仍不斷對自己說：「是！我生命有這一塊的失落、黑暗，可是沒關係，它還是我生命的一部分」，你還是願意微笑擁抱它。從那刻起，你的自我就是肯定的狀態了。

自我肯定冥想引導

深呼吸……吐氣……再呼吸……吐氣

每一次的呼吸　都讓你自己更放鬆　更輕鬆

每一次的呼吸　都讓自己更自在　更安在

放鬆　你的身體

放開　你的思緒

輕鬆了　自在了

想像你的頭頂有一道光線

從你的頭部　輕輕地　向下移動

光線所到的地方　你感覺無比地輕鬆　放鬆

光線像掃描一樣　來到你的臉部　脖子　肩膀

緩慢地向下移動　到你的手臂　胸口　到你的腹部　腰部　臀部

再慢慢來到你的大腿　膝蓋　小腿　一直到你的腳掌　腳尖

你感覺光的掃描　從頭到腳
你感覺無比地放鬆　輕鬆

現在，想像著眼前出現不夠好的自己
讓你感到不光彩、不自在的自己
想像著他的表情、他的神態
去感覺當你面對自己時的感受
你是安全的
吸氣，你感受身上的感覺
呼氣，你釋放身上的感覺
你知道自己很想別過頭去
你就是定定地去感受

再幾個深呼吸給自己
吸氣……吐氣……再吸氣……再吐氣

去感受你看見的　眼前的　不夠好的自己

現在　感受你的頭頂有一道光芒
那一道溫暖又舒服的光芒
你感覺到光芒向上延展至天空
在遙遠的看不見的天頂
你感受這道光輸入源源不絕的溫暖
讓你的心裡跟著溫暖了起來
在你暖暖的心裡慢慢漾起微笑

你想起了過往所有對你微笑的人
你想起了過往讓你微笑的事物
吸氣，你感受這股微笑的能量
呼氣，你謝謝這股微笑的能量

現在　請你用這股在心裡綻放的微笑
對不夠好的自己微笑
用微笑的雙眼　看著不夠好的自己
接著　再次微笑地看著自己
你感受到原本在心中的羞愧與焦慮
在你的微笑注視中
慢慢平靜沉澱下來

好　當你準備好了
你可以帶這份平靜　慢慢地清醒過來

自我疼惜練習：靈魂升空法

這個練習主要是因為，當我們太靠近自己時，對自己的否定和忽略會過於強烈，以至於我們經常看不清楚自己遭受什麼樣的對待方式，讓自己在關係中不斷受傷。

透過這個練習，主要是幫自己爭取心理空間，讓我們有能力去看清自己的狀態，不是總覺得理所當然，因為我不夠好，所以別人這樣做，反之，是在內心裡升起疼惜，為自己採取行動。

現在，請大家想像一下，你坐在位子上，然後感覺自己的目光從你的頭頂慢慢地升起，你感覺目光慢慢地從你頭頂上方一兩公尺處，俯看現在正坐在位子上的自己。接著，去看看坐在這位子上的自己，正在做什麼，現在的心中的情緒為何？

想像自己飄在半空中，俯看自己的方式來觀察自己，為什麼要這麼做呢？因為當我們在那個情緒當下，心中會非常糾結，一旦情緒糾結在一起，你就會陷入原本模式。例如，你開始有罪惡感，就變得順應；或者，你開始覺得憤怒，便自我苛責。

當我們為自己爭取一點內在的空間，讓自己稍微抽離開來，跟自己的情緒有一定的距離，才有能力靜下心思考。有太多時候，我們在喪失界限的關係模式中，會直接陷入對方的情緒泥淖中，跟著對方一起打轉。如果我們能夠把自己拉出來，而不是一直想著別人的狀態，重新聚焦於自己的狀態來觀察自己時，就能夠跳脫出原有的思考和情緒脈絡，為自己重新做選擇。

所以，當你重新看見自己與他人互動，那你現在打算怎麼做呢？要循著原本的模式走嗎？對對方說：「好好好，你不要難過喔！我現在就回去。好啦，不要哭！我回去就是了！」

還是，你要對自己說：「他在做什麼？他再次用情緒勒索我，好讓我回到他身邊陪他。那我呢？我的需求是什麼？」這就是與自我的新的對話，以及重新回到自己的需求上，才有辦法對不舒服的情境設立界限。

這個方法可以幫助人拉開心理距離，重新反思。但也有些人在練習時，情緒依舊完全膠著，像是你本身就有很強的自我否定，或者強烈的罪惡感，以至於無法幫自己與情緒暫時分離。也有可能，你的一部分可以幫自己回到前述的自我肯定練習，幫忙自己接納身上的罪惡感，歸還他人責任，但在面對固著的自我，依舊無法分離開來時，可以進一步採取以下的方法。

練習靈魂升空法時，想像升空之後，看到自己身上覆蓋的是一個你很心愛的人的形象，可以是你最好的朋友、你的孩子，然後看著他們被這樣對待，你心裡的想法與感受會是如何？

就是需要這樣不斷停下來想、停下來感覺，當這是發生在朋友身上時，你會不會開始感覺心疼與不捨呢？而當你看到朋友的遭遇，你又會想對他說什麼？

除了爭取心理空間，同時也幫自己褪去情緒後，有能力換位思考。你很可能需要如此慢下來、停下來，才有能力去對那個當下的自己說話，為自己做出決定。

通常，自我否定者特別會花心思去愛別人，為他人付出，藉此在過程中獲得被需要、被認同跟被肯定的感覺，卻忽略自己以照顧他人。

當別人越界時，你就想，你現在心愛的人被這樣對待時，你是否會允許呢？透過爭取心理空間與換位思考的方式，去找到力量，你就有辦法心安地設立界限了。

透過內在小孩的冥想，可以幫助自己更接納過往的自己，也釋放積藏已久的情緒，獲得修正經驗，感覺到自信。倘若我們發現自己有能力照顧和理解自己，對自我的肯定度便會大幅提升。

若你能夠自我肯定，其實就是深層的自我接納與和解；當我們願意擁抱自己，就有能力正視被侵犯的界限，也有能力看懂他人的感受，不去侵犯他人的界限。我們會更有力量地保護自己。在肯定的過程中，我們肯定自己的感受，也療癒過往的傷痛，幫自己將感受鞏固好，就會壯大內在的聲音，修補自信，為自己爭取權益，更有力量地建立界限。我們能夠自我疼惜時，就能停下帶有傷害性的關係，安心設立界限。

這節的冥想音檔，建議讀者反覆聆聽，可以更鞏固我們與內在的連結和支持，也更穩定自己。

5/3

建立界限之後

相信走到這裡的你們，心裡也經歷許多波動。界限的練習勢必會產生許多挫折與懷疑，畢竟在重建自我的過程，拉出界限分出你我的實踐，我們一定會經歷衝突。

在我的實務經驗中，當我們設立界限後，以下兩種衝突很容易發生，一個是內在衝突，另一則是外在衝突。

所謂內在衝突，就是界限設立後的空洞感。而外在衝突，就是我們可以想像，在關係中的對方對界限感到不滿而衝突。那這時我們又該如何因應呢？

內在衝突——空洞感

最常見的例子是，一直扮演家中「橋梁」的孩子，總是需要擔心父母是否又要衝突了，母親難過嗎？父親在生氣嗎？要怎麼協調他們？要怎麼讓他們不再吵架？要怎麼讓他們過得開心？光是這些困難的問題，就可以構成孩子的人生目標，讓他忙不過來。因為那根本是不可能的任務，但作為橋梁的孩子卻一直活在自責與壓抑裡，覺得自己不夠好，無法讓父母幸福，又一邊愧疚，是自己讓母親需要待在婚姻裡，同時又有一種強烈報恩的心態，覺得母親為自己留下是種恩賜，又一邊恐懼，如果不努力點，父母就要分開了。

經過一陣子的努力後，孩子開始從父母的關係中分離出來，學會設立界限，不再過度干涉或拯救父母的婚姻，便開始意識到，父母婚姻的和諧向來都是父母的功課，與自己無關，也意識到母親的難過與脆弱。而讓母親說出「我是為了你才沒跟你爸離婚」的背後，其實是她自己的無助和痛苦，還有對人生的茫然。我們可以慢慢從糾結的情緒中分離開來，看清楚自己其實一直都該是個獨立的個體，擁有自己的人生，開始願意放過自己，也放開緊抓住父母的雙手。

然而，放開之後，面臨的挑戰就是「空」。「空」的開始，也意味著，你可以為自己而活的契機，重新思考自己的人生目標。就像被禁錮已久的飛鳥，重獲自由的那刻，牠可能忘記原有的天賦，也不習慣沒有牢籠的生活，一邊想要回到被餵養的生活裡，一邊又對拘束感深惡痛絕。

因此，在家庭發展歷程裡，父母卸下父母的角色，回歸自身時，孩子也需要卸下孩子的身分，或者是照顧者的角色。當卸下角色，就失去責任和任務的那種方向感，會讓人頓失重心，下意識希望退回過往角色的位置上，找尋熟悉和安全感，又不自覺弱化身邊的人，好讓自己做回有用、有能力的照顧者位置。

所以，面對這股內在衝突，請珍惜這努力許久的空洞感，也請溫柔地陪伴自己適應新生活，找尋新目標，幫助自己擁有界限後，過上讓自己滿意的生活。

外在衝突——抗拒界限設立

所謂外在衝突，就是你在設立界限後的人際衝突。並非所有人都接受界限的，尤其是對界限有錯誤認知，以及對被他人拒絕特別敏感者，會在有界限的關係裡特別不適應，而習慣透過打壓、責罵，或者冷處理來面對界限設立。

所以，會在設限發生衝突者，往往是抗拒界限者，但這些人會抗拒界限，因為拒絕關係型態和相處模式改變，也拒絕位階的調整，或者正視關係中的問題。有時抗拒界限者，他們甚至是關係中的既得利益者，獲得他人的照顧、付出與服從，因此在平行關係中會感覺損失慘重，而不願意放下身段調整。

好比說，當孩子選了父母不滿意的科系，想要溝通時，會發現父母是拒絕的。這時，孩子很難堅守自己的需求，更難表達自己。因為在父母的狀態是，不想面對自己的權威被挑戰，與失去主導權，不承認自身的問題，或一味認為是對方的問題。即使父母的觀念過時，也不願聽進孩子的想法。

而孩子的狀態則是，感受到被拒絕與否定，容易退回小時候脆弱無助的狀態，難以守護自己的界限，感到恐懼、懊惱、憤怒，擔心不順從，就會被父母拋棄。

面對抗拒界限者，我們首先要做的，並不是強勢溝通或放棄溝通。為了讓自己可以維持原本的狀態，不至於棄守界限，要能夠先安撫內心的挫敗和擔心。

1. 自我對話

你可以對自己說：「他們不願意跟你溝通，你一定很挫敗，懷疑自己是不是不夠好？你也一定很難過又擔心，會不會跟他們意見不同，你就不再是他們的孩子？」這些句型主要的目的是「同理自己」。

我們需要先同理，感受自己，就會感覺緊繃的情緒鬆開，接著說：「我會陪你一起面對這個困難的情境。」當我們被拒絕時，孤立無援的感覺特別強烈。如果能找到其他人陪很好，若沒有，就陪伴自己，也是一種面對挫敗的自我安頓。

2. 持續對話或轉換溝通模式

僵化界限者多數是不願意為人改變的，即使是親近的人，他們通常會透過冷處理，來逼對方讓步，因此可以進行的對話是：「我知道你不願和我談，也對我的狀態很失望」以表達對對方狀態的理解，接著說出：「我對你的重視是一樣的，只是經過這些年，我已經改變，我無法再當你心中那個總是聽你話的孩子。我很抱歉，也希望你可以理解和認可」邀請對方理解。最後說：「不論你支不支持，我還是會做，但我還是愛你」來告訴對方，你的愛依舊，就算你已經改變。

《我就要你好好的》（Me Before You）這部電影的經典台詞：「你不能改變別人，你只能盡量去愛他們。」男主角車禍後頸椎以下癱瘓，而照顧他的女主角一直希望他能活下去，卻無法改變他的心意時，女主角的家人這麼告訴她。而這句話也同樣感動著我，因為它意味著，你們選擇了不同的途徑，並不代表你不好，也不是他不好，只是你們不一樣，僅此而已。

面對改變向來都不容易，如何將想說的話好好傳達出去，有時候也可透過文字訊息，不一定要以口語說出，讓對方有時間消化，暫時不受彼此情緒困擾，才有辦法讓理智好好運作。所以，寫信或完整的文字訊息，是很好的方式。

3. 對自己設限

很多時候，我們改變了，但對方卻沒變。我們並不能要求對方改變，只能看顧我們內心的失落與哀傷。當對方並沒有如我們預期的反應，但對方還是有自由拒絕。但我們要對自己設限的是，自己想要對冷處理低頭時，是因為我們害怕失去關係，覺得自己沒有價值，對自己的恐懼設限，而回到自己的需求上。

拒溝通者的界限設立通常在初期會看似不成功，但經過一段時間的堅持後，對方意識到你的堅決，才有可能真正鬆動你在他心目中的地位和看法，從而開始尊重你的界限，並尊重彼此不同選擇的人生。

建立界限後的人生

一直以來，我對自我成長與探索的理解是，從不瞭解自己，沒有任何覺知，也缺乏自我意識，到逐漸認識自己，瞭解自己是誰、不是誰，可以做什麼、不能做什麼，進而有能力與人畫出界限，尊重自己也尊重他人。

我們強調「我」的重要性，包括「我的想法」、「我的需求」，意謂著，當「有我」，我們才能做自己的主宰。建立界限其實是讓個人完整的過程之一，並不是自我成長的終點。我們需要透過界限的實踐，來幫助自己更往全人的狀態邁進。

榮格（Carl Jung）說：「沒有一種覺醒，是不帶著痛苦的。」因此，當你進入自我成長的領域探詢，相信是你在生命裡已經積累了許多痛苦和煩惱，而最終你希望幫自己找到解脫的方式，不再有煩惱和憂慮。

當我們自我認識，才能懂得是什麼讓我們憂慮。你會發現，缺乏自我將讓他人隨意侵犯你的界限，活不出你真正的模樣，因此你要開始練習看見與肯定自我，同時肯定過往的自己，不論是光彩或陰影的自己。但也因為你看見且肯定自己，就如同孔子說的「知之為知之，不知為不知」的道理，你終於清楚自己的思維、能力，包括內外在一切條件，也清楚掌握自身缺點、限制，如此徹底覺察自我，自信心才得以建立。

自我被分化出來，你會發現，自己擁有獨立的意識、覺察的情緒與清晰的行為和行動，便能為自己的渴望採取行動。也就是在馬斯洛的需求理論裡，我們不再沈醉於「愛與歸屬」和「自尊」的匱乏性需求，而是感受到自己有能力愛人，也有能力被愛，不再需要從他人身上獲得尊重與認可。因為，我們已經達到自我實現的巔峰經驗。**一旦個人可以幫助自己達到巔峰狀態，就能逐漸擺脫總是恐懼他人是否喜歡自己、煩惱得不到認可與感激，進而理解到我有能力為自己做些什麼，而我真的可以為自己實現的滿足感。**

然而，佛家曾言，自我實現後的巔峰造極，下一步，就是「自我消融」。

聖嚴法師說：「自我的消融，是要從自我肯定及自我成長的過程中逐漸完成的。如果連自我是什麼都不知道的人，同他談自我消融是毫無價值的。」

佛家不斷提倡的「無我」，有非常多人誤解它的含義，認為「無我」是不自私，是處處關懷他人，為他人著想，而不該有任何私欲，或在付出時有任何索求和怨言。但是「無我」並不等於什麼都沒有，而是沒有煩惱的我，也沒有在乎自我價值、自我存在或自我意義的我。因為沒有這些「我的」念頭，智慧和慈悲的功能才能完全、徹底且圓滿而普遍地運作，這就是「自我消融」，也才是自我真正的完成，也就是「真我」。

假使我們一直深陷在「無我」的錯誤觀念，不但無法幫助自己認識自我、提升自我，畫出適宜的人際界限，還只會掏空與迷失自我，更會陷入無止境的痛苦迴圈。

簡單來說，**「自我消融」是再也不用憂慮他人眼中的我，也就不存在恐懼，你所作所為出於智慧與慈悲，出於對人基本的肯定和尊重，無須煩惱做到的事情是否被看見，是否有存在感，是否有價值感等，一切都不重要，因為那就像是一股昇華的肯定，一種理所當然的存在，一份與自己深刻又穩定的連結。**

當我們清楚自我成長的歷程，順利畫出人際界限，就能體認個別差異性，在自己的歷程裡，看見自己的美好和限制。同樣地，也有能力看見他人的美好和限制，進而尊重他人的界限，或者幫助他人成長與提升自我。

親愛的，讓我們一起將界限落實在生活中，因為界限無處不在，你和他人的界限都需要守護。個人能夠成為各自人生的主宰時，就能在屬於自己的舞台上活耀，發光發熱，也創造出更美好、幸福的社會了。

參考書目

《為溝通立界線：幫助你學會運用智慧的界線溝通處理人際關係》亨利・克勞德、約翰・湯森德◎著
《過猶不及：如何建立你的心理界線》亨利・克勞德、約翰・湯森德◎著
《為工作立界線：成就工作與美好人生的雙贏策略》亨利・克勞德◎著
《巨嬰國：國內心理學家系統透視中國國民性》武志紅◎著
《做自己最好的陪伴》吳姵瑩◎著
「分離個體化理論」瑪格麗特・馬勒◎作
《全是為你好》愛麗絲・米勒◎著
《找回自己》聖嚴法師◎著
《大腦依戀障礙：為何我們總是用錯的方法，愛著對的人？》史丹・塔特金◎著

《米紐慶的家族治療百寶袋》薩爾瓦多・米紐慶、麥克・瑞特、夏曼・博達◎著

《此人進廠維修中！：為心靈放個小假，安頓複雜的情緒》陳志恆◎著

《家庭會傷人——自我重生的契機》約翰・布萊蕭◎著

《愛上M型男人：找回妳的勇氣、尊嚴與幸福》蘇珊・佛渥德、瓊・托瑞絲◎著

關係界限：
解決人際、愛情、父母的情感糾結症

作者　吳姵瑩
執行編輯　鄭智妮
行銷企劃　許凱鈞
內頁設計　賴姵伶
封面設計　張巖

發行人　王榮文
出版發行　遠流出版事業股份有限公司
地址　臺北市南昌路 2 段 81 號 6 樓
客服電話　02-2392-6899
傳真　02-2392-6658
郵撥　0189456-1
著作權顧問　蕭雄淋律師

2018 年 5 月 28 日　初版一刷
定價　新台幣 300 元　（如有缺頁或破損，請寄回更換）

ISBN 978-957-32-8261-7
遠流博識網 http://www.ylib.com/
E-mail ylib@ylib.com

國家圖書館出版品預行編目 (CIP) 資料

關係界限：解決人際、愛情、父母的情感糾結症 / 吳姵瑩著 . --
初版 . -- 臺北市 : 遠流 , 2018.05
面；　公分
ISBN 978-957-32-8261-7(平裝)
1. 愛 2. 生活指導
199.8　　107004818